DE LA

DÉMOCRATIE

EN FRANCE.

(JANVIER 1849)

IMPRIMÉ PAR PLON FRÈRES, 36, RUE DE VAUGIRARD.

DE LA
DÉMOCRATIE
EN FRANCE.

(JANVIER 1849)

PAR M. GUIZOT.

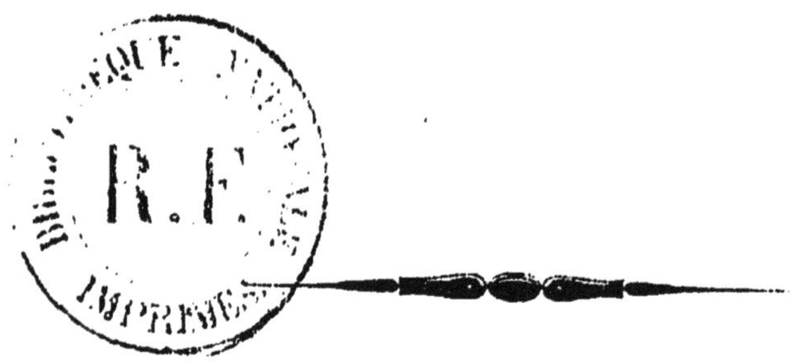

PARIS

VICTOR MASSON, LIBRAIRE

17. RUE DE L'ÉCOLE-DE-MÉDECINE

MDCCCXLIX

DE LA
DÉMOCRATIE EN FRANCE.

(JANVIER 1849)
PAR M. GUIZOT

1 VOLUME IN-8°. — PRIX : 3 FRANCS.

RENDU FRANCO PAR LA POSTE : 3 FR. 50.

TABLE DES CHAPITRES CONTENUS DANS LE VOLUME :

D'où vient le Mal. — Du Gouvernement dans la Démocratie.
De la République Démocratique. — De la République Sociale.
Quels sont les Éléments réels et essentiels de la Société en France.
Conditions politiques de la paix sociale en France.
Conditions morales de la paix sociale en France. — Conclusion.

M. Guizot poursuit assidûment, dans sa retraite de Brompton, son *Histoire de la Révolution d'Angleterre*. Il écrit en ce moment l'*Histoire de la République et de Cromwell*, qui formera deux volumes in-8°, et pour laquelle il a fait les recherches les plus complètes et recueilli les documents les plus curieux.

Le moment de la publication de cet ouvrage ne peut être encore indiqué avec précision; mais il ne saurait être très-éloigné. En attendant, le libraire Victor Masson, qui en sera l'éditeur, va publier une nouvelle édition de l'*Histoire du règne de Charles Ier*, par M. Guizot, en deux volumes qui forment la première partie de son *Histoire de la Révolution d'Angleterre*.

Cette nouvelle édition sera précédée d'une *Introduction* étendue, morceau neuf et inédit, où sera tracé le tableau général de l'*Histoire de la Révolution d'Angleterre*, depuis l'avènement de Charles Ier, à travers la République et la Restauration, jusqu'à l'expulsion de Jacques II et l'avènement de Guillaume III.

M. Guizot est sur le point de terminer cette *Introduction*, qui ne peut manquer d'exciter en France et en Angleterre le plus vif intérêt. En présence d'une révolution qui recommence, quoi de plus grand et de plus instructif que le tableau d'une révolution qui a su finir?

5 Janvier 1849.

PARIS, TYPOGRAPHIE PLON FRÈRES.

J'ose croire qu'on ne trouvera rien dans cet écrit, absolument rien, qui porte l'empreinte de ma situation personnelle. En présence de si grandes choses, quiconque ne s'oublierait pas soi-même mériterait d'être à jamais oublié. Je n'ai pensé qu'à la situation de mon pays. Plus j'y pense, plus je demeure convaincu que son grand mal, le mal qui est au fond de tous ses maux, qui mine et détruit ses gouvernements et ses libertés, sa dignité et son bonheur, c'est le mal que j'attaque, l'idolâtrie démocratique.

L'avénement de M. Louis-Napoléon Bonaparte à la présidence de la République sera-t-il, contre ce mal, un remède efficace? L'avenir nous l'apprendra. Ce que je dis aujourd'hui, après l'élection de M. Louis-Napoléon Bonaparte, je le dirais également, sans y rien changer, si le général Cavaignac avait été élu. Ce n'est à aucun nom propre que s'adressent les grandes vérités sociales; c'est à la société elle-même.

CHAPITRE PREMIER.

D'OU VIENT LE MAL.

Mirabeau, Barnave, Napoléon, La Fayette, morts dans leur lit ou sur l'échafaud, dans la patrie ou dans l'exil, à des jours très-éloignés et très-divers, sont tous morts avec un même sentiment, un sentiment profondément triste. Ils ont cru leurs espérances déçues, leurs œuvres détruites. Ils ont douté du succès de leur cause et de l'avenir.

Le roi Louis-Philippe a régné plus de dix-sept ans. J'ai eu l'honneur d'être plus de onze ans son ministre. Si demain Dieu nous appelait à lui, quitterions-nous cette terre bien tranquilles sur le sort et l'ordre constitutionnel de notre patrie?

La révolution française est-elle donc destinée à n'enfanter que des doutes et des mécomptes, à n'entasser que des ruines sur ses triomphes?

Oui, tant que la France souffrira que, dans ses idées, dans ses institutions, dans le gouvernement de ses affaires, ce qui est vrai et ce qui est faux, ce qui est honnête et ce qui est pervers, ce qui est possible et ce qui est chimérique, ce qui est salutaire et ce qui est funeste demeurent mêlés et confondus.

Un peuple qui a fait une révolution n'en surmonte les périls et n'en recueille les fruits que lorsqu'il porte lui-même, sur les principes, les intérêts, les passions, les mots qui ont présidé à cette révolution, la sentence du jugement dernier « séparant le bon grain de l'ivraie et le froment de cette paille destinée au feu. »

Tant que ce jugement n'est pas rendu, c'est le chaos. Et le chaos, s'il se prolongeait au sein d'un peuple, ce serait la mort.

Le chaos se cache aujourd'hui sous un mot : *Démocratie.*

C'est le mot souverain, universel. Tous les partis l'invoquent et veulent se l'approprier comme un talisman.

Les monarchistes ont dit : « Notre monarchie est une monarchie démocratique. C'est par là qu'elle diffère essentiellement de l'ancienne monarchie et qu'elle convient à la société nouvelle. »

Les républicains disent : « La République, c'est la démocratie se gouvernant elle-même. Ce gouvernement seul est en harmonie avec une société démocratique, avec ses principes, ses sentiments, ses intérêts. »

Les socialistes, les communistes, les montagnards veulent que la République soit une démocratie pure, absolue. C'est pour eux la condition de sa légitimité.

Tel est l'empire du mot *démocratie* que nul gouvernement, nul parti n'ose vivre, et ne croit le pouvoir, sans inscrire ce mot sur son drapeau, et que ceux-là se croient les plus forts qui portent ce drapeau plus haut et plus loin.

Idée fatale, qui soulève ou fomente incessamment la guerre au milieu de nous, la guerre sociale !

C'est cette idée qu'il faut extirper. La paix sociale est à ce prix. Et avec la paix sociale, la liberté, la sécurité, la prospérité, la dignité, tous les biens, moraux et matériels, qu'elle peut seule garantir.

Voici à quelles sources le mot *démocratie* puise sa puissance.

C'est le drapeau de toutes les espérances, de toutes les ambitions sociales de l'humanité, pures ou impures, nobles ou basses, sensées ou insensées, possibles ou chimériques.

C'est la gloire de l'homme d'être ambitieux. Seul ici-bas entre tous les êtres, il ne se résigne point au mal ; il aspire incessamment au bien. Pour ses semblables comme pour lui-même. Il respecte, il aime l'humanité. Il veut guérir les misères dont elle souffre ; il veut redresser les injustices qu'elle subit.

Mais l'homme est imparfait autant qu'ambitieux. Dans sa lutte ardente et constante pour abolir le mal et pour atteindre au bien, à côté de tout bon penchant marche un mauvais penchant qui le serre de près et lui dispute le pas : le besoin de justice et le besoin de vengeance; l'esprit de liberté, l'esprit de licence, l'esprit de tyrannie; le désir de s'élever et l'envie d'abaisser ce qui est élevé; l'amour ardent de la vérité et la témérité présomptueuse de l'intelligence. On peut sonder toute la nature humaine; on trouvera partout le même mélange, le même péril.

Pour tous ces instincts parallèles et contraires, pour tous confusément, les mauvais comme les bons, le mot *démocratie* a des perspectives et des promesses infinies. Il pousse à toutes les pentes, il parle à toutes les passions du cœur de l'homme, aux plus morales et aux plus immorales, aux plus généreuses et aux plus honteuses, aux plus douces et aux plus dures, aux plus bienfaisantes et aux plus destructives. Aux unes il offre tout haut, aux autres il fait, à voix basse, entrevoir leur satisfaction.

Voilà le secret de sa force.

J'ai tort de dire le secret. Le mot *démocratie* n'est pas nouveau, et de tout temps il a dit ce qu'il dit aujourd'hui. Voici ce qui est nouveau et propre à notre temps. Le mot *démocratie* est maintenant prononcé tous les jours, à toute heure, partout; et il est partout et sans cesse entendu de tous les hommes. Cet appel redoutable à ce qu'il y a de plus puissant, en bien et en mal, dans l'homme et dans la société, ne retentissait autrefois que passagèrement, localement, dans certaines classes, unies à d'autres classes au sein d'une même patrie, mais profondément diverses, distinctes, limitées. Elles vivaient éloignées les unes des autres, obscures les

unes pour les autres. Maintenant il n'y a plus
qu'une société; et dans cette société il n'y a plus
de hautes barrières, plus de longues distances,
plus d'obscurités mutuelles. Fausse ou vraie, fatale ou salutaire, quand une idée sociale s'élève,
elle pénètre, elle agit partout et toujours. C'est un
flambeau qui ne s'éteint jamais. C'est une voix qui
ne s'arrête et ne se tait nulle part. L'universalité et
la publicité incessante, tel est désormais le caractère de toutes les grandes provocations adressées,
de tous les grands mouvements imprimés aux
hommes. C'est là un de ces faits accomplis et sou-
verains qui entrent sans doute dans les desseins de
Dieu sur l'humanité.

Au sein d'un tel fait, l'empire du mot *démocratie*
n'est point un accident local, passager. C'est le développement, d'autres diraient le déchaînement de
la nature humaine tout entière, sur toute la ligne
et à toutes les profondeurs de la société. Et par

conséquent la lutte flagrante, générale, continue, inévitable, de ses bons et de ses mauvais penchants, de ses vertus et de ses vices, de toutes ses passions et de toutes ses forces pour perfectionner et pour corrompre, pour élever et pour abaisser, pour créer et pour détruire. C'est là désormais l'état social, la condition permanente de notre nation.

II

CHAPITRE DEUXIÈME.

DU GOUVERNEMENT DANS LA DÉMOCRATIE.

———

Il y a des hommes que cette lutte n'inquiète
point. Ils ont pleine confiance dans la nature humaine. Selon eux, laissée à elle-même, elle va au
bien. Tous les maux de la société viennent des
gouvernements qui corrompent l'homme en le vio-
lentant ou en le trompant. La liberté, la liberté en
toutes choses et pour tous. Presque toujours elle

suffira à éclairer ou à contenir les volontés, à prévenir le mal ou à le guérir. A côté de la liberté, un peu de gouvernement, le moins possible, pour réprimer le désordre extrême et matériel.

D'autres ont, pour se rassurer contre le triomphe du mal dans l'homme et dans la société, un moyen plus décisif. Il n'y a, disent-ils, point de mal naturel et nécessaire, car nul penchant humain n'est mauvais en soi; il ne devient tel que parce qu'il n'atteint pas le but auquel il aspire. C'est un courant qui déborde, ne pouvant couler. Que la société soit organisée de telle sorte que tous les instincts de l'homme y trouvent chacun sa place et sa satisfaction; le mal disparaîtra; la lutte cessera; et toutes les forces humaines concourront harmonieusement au bien social.

Les premiers méconnaissent l'homme; les seconds méconnaissent l'homme et nient Dieu.

Que tout homme descende en lui-même et s'observe attentivement. Pour peu qu'il sache regarder et qu'il consente à voir, il sera profondément troublé de la guerre incessante que se livrent en lui les bons et les mauvais penchants, la raison et le caprice, le devoir et la passion, le bien et le mal, pour les appeler par leur nom. On contemple avec anxiété les agitations, les chances extérieures de la vie humaine. Que serait-ce si on assistait aux agitations, aux chances intérieures de l'âme humaine ? C'est là qu'il faut voir combien en un jour, en une heure, il peut se rencontrer de périls, de piéges, d'ennemis, de combats, de victoires et de revers ! Je ne dis pas cela pour décourager l'homme ni pour humilier sa liberté. Il est appelé à vaincre dans cette lutte de la vie, et c'est à sa liberté qu'appartient l'honneur de vaincre. Mais la victoire est impossible pour lui, et sa défaite est certaine s'il n'a une idée juste et un sentiment profond de ses dangers, de ses faiblesses et des secours dont il a besoin. Il y a une immense ignorance de la nature de l'homme et de sa condition à croire que, laissée à elle-même, la liberté humaine va au bien et peut y suffire. C'est l'erreur de l'orgueil ; erreur qui énerve du même coup l'ordre moral et l'ordre politique, le gouvernement intérieur de l'homme et le gouvernement général de la société.

Car la lutte est la même, et le péril aussi pressant, et le secours aussi nécessaire dans la société que dans l'homme. Beaucoup de ceux qui vivent aujourd'hui ont eu cette destinée de voir, plusieurs fois dans le cours de leur vie, l'édifice social près de se dissoudre, et ses appuis, ses liens manquant de toutes parts. Sur quelle immense étendue, avec quelle effroyable rapidité ont éclaté, à chaque épreuve semblable, toutes les causes de guerre et de mort sociale qui fermentent incessamment au milieu de nous! Qui n'a tressailli à cette révélation soudaine des abîmes sur lesquels vit la société, et des frêles barrières qui l'en séparent, et des légions destructives qui en sortent dès qu'ils s'entr'ouvrent? Pour moi, j'ai assisté, jour par jour, heure par heure, à la plus pure, à la plus sage, à la plus douce, à la plus courte de ces secousses redoutables ; j'ai vu, en juillet 1830, dans les rues et dans les palais, à la porte des conseils nationaux et au sein des réunions populaires, cette société livrée à elle-même qui faisait ou regardait faire la révolution. Et en même temps que j'admirais tant de sentiments généreux, tant d'actes d'intelligence forte, de vertu dévouée et de modération héroïque, je frissonnais en voyant s'élever et grossir, de minute en minute, un vaste flot d'idées insensées, de passions brutales, de velléités perverses, de fantaisies terribles près de se répandre et de tout submerger, sur un sol qu'aucune digue ne défendait plus. La société venait de repousser victorieusement la ruine de ses lois et de son honneur, et elle était sur le point de tomber en ruines elle-même au milieu de sa victoire. C'est à cette lumière que j'ai appris les conditions vitales de l'ordre social et la nécessité de la résistance pour le salut.

Résister, non-seulement au mal, mais au principe du mal, non-seulement au désordre, mais aux passions et aux idées qui enfantent le désordre, c'est la mission essentielle, c'est le premier devoir de tout gouvernement. Et plus la démocratie a d'empire, plus il importe que le gouvernement garde son vrai caractère et joue son vrai rôle dans la lutte dont la société devient le théâtre. Pourquoi tant de sociétés démocratiques, quelques unes si brillantes, ont-elles si promptement péri ? Parce qu'elles n'ont pas souffert qu'au milieu d'elles le gouvernement fît son devoir et son métier. Elles ont fait plus que le réduire à la faiblesse; elles l'ont condamné au mensonge. C'est la triste condition des gouvernements démocratiques que, chargés de réprimer le désordre, on les veut complaisants et flatteurs pour les causes du désordre. On leur demande d'arrêter le mal quand il éclate, et on leur commande de l'encenser tant qu'il couve. Je ne connais rien de plus déplorable que ces pouvoirs qui, dans la lutte des bons et des mauvais principes, des bonnes et des mauvaises passions, plient eux-mêmes à chaque instant le genou devant les mauvaises passions et les mauvais principes, et puis essaient de se redresser pour combattre leurs excès. Vous ne voulez pas des excès; réprouvez-les dans leur source. Vous voulez la liberté, le développement large et glorieux de l'humanité; vous avez raison. Connaissez donc les conditions, prévoyez les conséquences de ce grand fait. Ne vous aveuglez pas sur les périls, sur les combats qu'il fera éclater. Et dans ces combats et ces périls, n'exigez pas de vos chefs qu'ils soient hypocrites ou faibles devant l'ennemi; ne leur imposez pas le culte des idoles, fussiez-vous vous-mêmes les idoles ; permettez-leur, enjoignez-leur de n'adorer, de ne servir que le vrai Dieu.

Je pourrais me donner le plaisir de rappeler ici les noms et la mémoire de tant de pouvoirs qui sont tombés honteusement pour s'être lâchement asservis ou prêtés aux erreurs et aux passions des démocraties qu'ils avaient mission de gouverner. J'aime mieux citer ceux qui ont glorieusement vécu en leur résistant. J'ai plus de goût à prouver la vérité par l'exemple des sages et de leurs succès que par celui des insensés et de leurs revers.

La France démocratique doit beaucoup à l'empereur Napoléon. Il lui a donné deux choses d'un prix immense : au dedans, l'ordre civil solidement constitué ; au dehors, l'indépendance nationale fortement établie par la gloire. A-t-elle jamais eu un gouvernement qui l'ait plus rudement traitée, qui ait montré, pour les idées et les passions favorites de la démocratie, moins de complaisance? Dans l'ordre politique, Napoléon ne s'est préoccupé que de relever le pouvoir, de lui rendre les conditions de sa force et de sa grandeur. Il a vu là, pour une société démocratique comme pour toute autre, un intérêt national de premier ordre, et, selon lui, le premier des intérêts.

Mais Napoléon était un despote. S'il a bien compris et bien servi quelques-uns des grands intérêts de la France, il en a profondément méconnu et blessé d'autres non moins sacrés. Comment aurait-il été favorable aux instincts politiques de la démocratie, lui si hostile à la liberté ?

Je ne conteste point; je ne cours pas risque d'oublier que Napoléon était un despote, car je n'ai point eu à l'apprendre. Je le pensais quand il était là. Eût-il pu être autre? Eût-il pu accepter la liberté politique, et pouvions-nous alors la recevoir? Je ne décide pas cette question. Il y a des hommes, très-grands, qui conviennent à certaines crises maladives et passagères, non à l'état sain et durable de la vie des peuples. Peut-être Napoléon n'a-t-il été que l'un de ces hommes-là. Qu'il ait méconnu quelques-uns des principes vitaux de l'ordre social, quelques-uns des besoins essentiels de notre temps, personne n'en est plus convaincu que moi. Mais il a rétabli au sein de la France démocratique l'ordre et le pouvoir. Il a cru et prouvé qu'on pouvait servir et gouverner une société démocratique sans condescendre à tous ses penchants ; c'est là sa grandeur.

Washington ne ressemble point à Napoléon ; celui-là n'était pas un despote. Il a fondé la liberté politique, en même temps que l'indépendance nationale de sa patrie. Il n'a fait servir la guerre qu'à la paix. Monté sans ambition au pouvoir suprême, il en est descendu sans regret, dès que le salut de sa patrie le lui a permis ; il est le modèle des chefs de république démocratique. Qu'on examine sa vie, son âme, ses actes, ses pensées, ses paroles ; on n'y trouvera pas, pour les passions et les idées favorites de la démocratie, une seule marque de condescendance, un seul instant de laisser-aller. Il a constamment lutté, lutté jusqu'à la fatigue et la tristesse, contre ses exigences. Nul homme n'a été plus profondément imbu de l'esprit de gouvernement, du respect de l'autorité. Il n'a jamais excédé les droits du pouvoir selon les lois de son pays ; mais il a affirmé et maintenu ces droits, en principe comme en fait, aussi fermement, aussi fièrement qu'il l'eût pu faire dans un État ancien, monarchique ou aristocratique. Il était de ceux qui savent que, pas plus dans une république que dans une monarchie, pas plus dans une société démocratique que dans toute autre, on ne gouverne de bas en haut.

Les sociétés démocratiques n'ont point ce privilége que l'esprit de gouvernement y soit moins nécessaire, ni que ses conditions vitales y soient autres et moins élevées qu'ailleurs. Par une infaillible conséquence de la lutte qui s'établit infailliblement dans leur sein, le pouvoir y est incessamment appelé à se décider entre des impulsions contraires qui le sollicitent à se faire l'artisan du bien ou le complice du mal, le champion de l'ordre ou l'esclave du désordre. La fable du choix d'Hercule est son histoire de tous les jours, de tous les moments. Tout gouvernement, quels que puissent être sa forme et son nom, qui, soit par le vice de son organisation ou de sa situation, soit par la corruption ou la faiblesse de sa volonté, ne suffira pas à cette tâche inévitable, passera bientôt comme un fantôme malfaisant, ou perdra la démocratie au lieu de la fonder.

III

CHAPITRE TROISIÈME.

DE LA RÉPUBLIQUE DÉMOCRATIQUE.

———

Je ne veux parler qu'avec respect du gouvernement républicain. En soi, c'est une noble forme de
gouvernement. Elle a suscité de grandes vertus.
Elle a présidé à la destinée et à la gloire de grands
peuples.

Mais le gouvernement républicain est chargé de
la même mission, tenu aux mêmes devoirs que

tout autre gouvernement. Il ne peut réclamer, à cause de son nom, ni dispense, ni privilége. Il faut qu'il satisfasse aux besoins, soit permanents, soit actuels, de la société qu'il est appelé à régir.

Le besoin permanent de toute société, le premier besoin de la France actuelle, c'est le besoin de la paix au sein de la société elle-même.

On parle beaucoup d'unité, de fraternité sociale. Mots sublimes qui doivent être des faits et non pas nous faire oublier les faits. Rien ne perd plus certainement les peuples que de se payer de mots et d'apparences.

Pendant que les mots d'unité et de fraternité sociale retentissent au milieu de nous, la guerre sociale y retentit aussi, flagrante ou imminente, terrible par les maux qu'elle fait souffrir et par ceux qu'elle fait prévoir.

Je ne veux pas appuyer sur cette plaie si douloureuse. Pourtant, il faut qu'on la sente et qu'on la sonde, pour la guérir. C'est une ancienne plaie. La lutte des diverses classes de notre société a rempli notre histoire. La révolution de 1789 en a été la plus générale et la plus puissante explosion. Noblesse et tiers état, aristocratie et démocratie, bourgeois et ouvriers, propriétaires et prolétaires, autant de formes, autant de phases diverses de la lutte sociale qui nous travaille depuis si longtemps. Et c'est au moment où nous nous vantons de toucher à l'apogée de la civilisation, c'est au bruit des plus humaines paroles qui puissent sortir de la bouche des hommes, que cette lutte renaît plus violente, plus farouche que jamais!

C'est un fléau, c'est une honte que notre temps ne peut accepter. La paix intérieure, la paix entre toutes les classes de citoyens, la paix sociale! c'est le besoin suprême de la France, c'est le cri de salut.

La République démocratique nous la donnera-t-elle?

Elle n'a pas bien débuté à cet égard. A peine née, elle a subi et rendu la guerre civile. C'est pour elle un grand malheur. Les gouvernements ont beaucoup de peine à sortir de ce qui fut leur berceau. La République démocratique y parviendra-t-elle? avec du temps, rétablirait-elle la paix sociale?

Un fait me frappe et m'inquiète beaucoup : c'est l'ardeur que la République a mise à se nommer expressément et officiellement démocratique.

Les États-Unis d'Amérique sont, dans le monde, le modèle de la république et de la démocratie. Ont-ils jamais songé à s'intituler : République démocratique?

Je ne m'étonne point qu'ils n'y aient pas songé.

Il n'y avait chez eux point de lutte entre l'aristocratie et la démocratie, entre une société ancienne aristocratique et une société nouvelle démocratique. Bien loin de là ; les chefs de la société des États-Unis, les descendants des premiers colons, la plupart des principaux planteurs dans les campagnes et des principaux négociants dans les villes, l'aristocratie naturelle et nationale du pays, étaient à la tête de la révolution et de la république ; ils la voulaient, ils la soutenaient, ils s'y dévouaient avec plus d'énergie et de constance qu'une grande partie du peuple. La conquête de l'indépendance et la fondation de la république n'ont point été, aux États-Unis, l'œuvre et la victoire de certaines classes contre d'autres classes ; toutes les classes y ont concouru, sous la conduite des plus élevées, des plus riches, des plus éclairées, qui, plus d'une fois, ont eu grand'peine à rallier les volontés et à soutenir le courage de la population.

Quand il y avait des officiers à choisir pour les corps de troupes qui se formaient dans les divers États, Washington adressait partout cette recommandation : « Prenez des *gentlemen* ; ce sont les plus sûrs, comme les plus capables. »

Plus qu'aucun autre, le gouvernement républicain a besoin du concours de toutes les classes de citoyens. Si la masse de la population ne l'adopte pas chaudement, il est sans racines ; si les classes élevées le repoussent ou le délaissent, il est sans repos. Et dans l'un et l'autre cas, pour vivre, il est réduit à opprimer. Précisément parce que, dans l'ordre politique, les pouvoirs républicains sont faibles et précaires, il faut qu'ils puisent, dans les dispositions de l'ordre social, beaucoup de force morale. Quelles sont les républiques qui ont longtemps et honorablement vécu, résistant aux défauts et aux orages naturels de leurs institutions ? Celles-là seules chez qui l'esprit républicain a été vrai et général ;

qui ont obtenu à la fois, d'une part, le dévouement et la confiance du peuple, de l'autre, l'appui décidé des classes qui, par leur situation acquise, par leur fortune, par leur éducation, par leurs habitudes, apportent dans les affaires publiques le plus d'autorité naturelle, d'indépendance tranquille, de lumières et de loisir. A ces conditions seulement la République s'établit et dure, car à ces conditions seulement elle gouverne sans troubler la paix sociale, et sans condamner le pouvoir à la déplorable alternative d'être désorganisé par l'anarchie ou tendu jusqu'à la tyrannie.

Les États-Unis d'Amérique ont eu ce bonheur. Il manque à la République française. Elle en convient; que dis-je! elle le proclame, elle en fait gloire. Que veulent dire aujourd'hui, parmi nous, ces mots *République démocratique* invoqués, adoptés comme le nom officiel, comme le symbole du gouvernement? C'est l'écho d'un ancien cri de guerre sociale : cri qui s'élève et se répète, de nos jours, à tous les étages de la société ; prononcé avec colère contre certaines classes par d'autres classes qui, à leur tour, l'entendent avec effroi retentir contre elles-mêmes. Démocrates au-dessus, Aristocrates au-dessous. Tour à tour menaçants et menacés, envieux et enviés. Continuels et choquants changements de rôle, d'attitude, de langage. Déplorable confusion d'idées et de sentiments contraires. La guerre dans le chaos.

J'entends la réponse : « Cette guerre a été un fait, le fait dominant de notre histoire, de notre société, de notre révolution. On ne cache point, on ne tait point des faits pareils. Celui-ci a enfin trouvé son terme et sa loi. Ce n'est point la guerre que nous proclamons en nous intitulant République démocratique ; c'est la victoire, la victoire de la démocratie. La démocratie a vaincu ; elle reste seule sur le champ de bataille ; elle lève sa visière ;

elle se nomme et prend possession de sa conquête. »

Illusion ou hypocrisie! savez-vous comment un gouvernement, démocratique ou autre, proclame et prouve sa victoire quand elle est réelle et définitive? En rétablissant la paix. A ce signe seul, vous aurez vaincu. Est-ce que la paix règne en France? Est-ce qu'elle s'approche? Est-ce que les divers éléments de la société, de gré ou de force, satisfaits ou résignés, croient vraiment à la paix, et viennent se calmer et se ranger sous la main de la République démocratique? Entendez les interprétations qui se donnent, les commentaires qui s'élèvent de toutes parts sur ces mots dont vous avez fait le drapeau du gouvernement républicain; voyez les faits qui éclatent ou qui grondent partout, à la suite de ces commentaires. Est-ce là de la paix? Y a-t-il là, je ne dis pas même la réalité, mais seulement l'apparence d'une de ces victoires fortes et sages qui compriment, du moins pour un temps, les luttes sociales, et assurent aux nations une longue trêve ?

Il y a des faits si immenses, si éclatants qu'aucun pouvoir ni aucun mensonge humain n'est en état de les cacher. Dites, tant qu'il vous plaira, que le jour de la fraternité est venu, que la démocratie, telle que vous l'établissez, met un terme à toute hostilité, à toute lutte de classes, assimile et unit tous les citoyens. La vérité, la vérité terrible, luit au-dessus de ces vaines paroles. Partout les intérêts, les passions, les prétentions, les situations, les classes diverses sont aux prises, avec tout l'emportement d'espérances ou de craintes sans limites. C'est évidemment dans le chaos de la guerre sociale que la République démocratique, dès ses premiers pas, par ses premiers actes, est près de se plonger et de nous plonger.

Nous donne-t-elle du moins des armes pour

nous en défendre? Nous ouvre-t-elle des issues pour en sortir?

Je vais au delà de son nom. Je regarde aux idées politiques qu'elle proclame et qu'elle rédige en lois de l'État. Mon inquiétude, loin de diminuer, s'accroît. De même que, sur le drapeau de la République démocratique, j'ai retrouvé la guerre sociale, de même, dans sa constitution, je retrouve le despotisme révolutionnaire. Point de pouvoirs distincts et assez forts par eux-mêmes pour se contrôler et se contenir réciproquement. Point de solides remparts à l'abri desquels les droits et les intérêts divers se puissent établir. Nulle organisation de garanties, nul contre-poids de forces au centre de l'État et au sommet du gouvernement. Rien qu'un moteur et des rouages, un maître et des agents. Partout les libertés individuelles des citoyens seules en présence de la volonté unique de la majorité numérique de la nation. Partout le principe du despotisme en face du droit de l'insurrection.

Telle est, dans l'ordre social, la position que prend la République démocratique; tel, dans l'ordre politique, le gouvernement qu'elle construit.

Que peut-il sortir de là?

Certainement ni la paix, ni la liberté.

Quand la République a été proclamée, au milieu de l'inquiétude générale et profonde, un sentiment s'est manifesté : « Attendons! Peut-être la République sera autre qu'elle n'a été. Que l'expérience se fasse; qu'elle ne soit point troublée par la violence. Nous verrons. » Ainsi ont pensé de bons citoyens!

Ils ont tenu parole. De leur part du moins, aucun trouble n'a ébranlé la République; aucun obstacle ne lui a été suscité.

La même idée a prévalu en Europe. Par sagesse sans doute, non par aucun espoir bienveillant. Mais peu importent les motifs de l'Europe; son attitude est calme; aucun acte, aucun danger venu du dehors ne trouble la République française dans son essai d'établissement.

De son côté, c'est justice de le reconnaître, la République a fait des efforts pour être autre que ne le craint le sentiment public. Elle a respecté la foi des hommes. Elle a défendu, à la dernière heure, il est vrai, mais enfin elle a défendu la vie de la société. Elle n'a pas rompu la paix européenne. Elle n'a pas renoncé à la probité publique. Efforts méritoires qui honorent des hommes et attestent l'instinct général du pays. Efforts impuissants qui ralentissent, mais qui n'arrêtent point le mouvement de l'État sur une pente funeste. Les hommes qui voudraient l'arrêter ne prennent pied nulle part. A chaque instant, à chaque pas, ils glissent, ils descendent. Ils sont dans l'ornière révolutionnaire; ils se débattent pour ne pas s'y enfoncer; mais ils ne savent, ou n'osent, ou ne peuvent en sortir. Un jour, quand on y regardera librement et sérieusement, on sera épouvanté de tout ce qu'ils ont livré ou perdu, et du peu d'effet de leur résistance. Il est vrai : la République ne fait pas tout ce qu'elle a fait jadis; mais elle n'est point autre qu'elle n'a été. Qu'il s'agisse d'organisation sociale ou d'institutions politiques, des conditions de l'ordre ou des garanties de la liberté, elle ne sait pas mieux ni autre chose que ce qu'elle savait il y a cinquante ans. Ce sont les mêmes idées, les mêmes tentatives, souvent les mêmes formes, les mêmes paroles. Spectacle étrange! la République se redoute elle-même et voudrait se transformer; elle ne sait que se copier.

Combien de temps, pour réussir ou pour échouer, durera encore l'épreuve? Nul ne le sait. Mais jusqu'ici la France a évidemment droit de craindre que ses intérêts suprêmes, la paix sociale et la liberté politique, ne soient mis, ou laissés, par la République démocratique, dans un immense péril.

IV

CHAPITRE QUATRIÈME.

DE LA RÉPUBLIQUE SOCIALE.

La République sociale promet de résoudre le problème.

« Tous les systèmes, tous les gouvernements ont été tentés, dit-elle, et reconnus impuissants. Mes idées seules sont nouvelles et n'ont pas encore été mises à l'épreuve. Mon jour est venu. »

Les idées de la République sociale ne sont point nouvelles. Le monde les connaît depuis qu'il existe. Il les a vues surgir au milieu de toutes les grandes crises morales et sociales, en Orient comme en Occident, dans l'antiquité comme dans les temps modernes. Les deuxième et troisième siècles en Afrique et spécialement en Égypte, pendant le travail de la propagation du christianisme, le moyen âge dans sa fermentation confuse et orageuse, le seizième siècle, en Allemagne, dans le cours de la réforme religieuse, le dix-septième, en Angleterre, au milieu de la révolution politique, ont eu leurs socialistes et leurs communistes, pensant, parlant et agissant comme ceux de nos jours. C'est une face de l'humanité qui apparaît, dans son histoire, à toutes ces époques où, par le bouillonnement universel, toutes choses sont poussées à la surface et admises à se montrer.

Jusqu'ici, il est vrai, ces idées ne s'étaient produites que sur une petite échelle, obscurément, honteusement, presque aussitôt repoussées qu'entrevues. Aujourd'hui, elles montent hardiment sur la grande scène, et se déploient avec toutes leurs prétentions devant tout le public. Que ceci arrive par l'effet de leur propre force, ou par la faute du public lui-même, ou par des causes inhérentes à l'état actuel de la société, peu importe : puisque la République sociale parle haut, il faut qu'elle soit regardée en face et interrogée à fond.

Je voudrais supprimer tous les détours, écarter tous les voiles, et aller droit au cœur de l'idole. Cela se peut : car de même que tous les efforts de la République sociale tendent à un même but, de même toutes ses idées partent d'une idée fondamentale qui les contient et les enfante toutes.

Cette idée fondamentale se montre, ou se cache, dans le langage de tous les chefs de la République sociale, quoiqu'ils n'en conviennent pas tous, que peut-être même plusieurs croient qu'ils n'y croient point. M. Proudhon me paraît, de tous, celui qui sait le mieux ce qu'il pense et ce qu'il veut, l'esprit le plus ferme et le plus conséquent dans ses détestables rêves.

Pas si ferme pourtant, ni si conséquent qu'il paraît, et probablement qu'il croit l'être. Il n'a point dit, et je doute qu'il ait vu jusqu'où va son idée. La voici, dans sa nudité et sa rigueur.

Tous les hommes ont droit, le même droit, un droit égal au bonheur.

Le bonheur, c'est la jouissance, sans autre limite que le besoin et la faculté, de tous les biens existants ou possibles en ce monde, soit des biens naturels et primitifs que le monde contient, soit des biens progressivement créés par l'intelligence et le travail de l'homme.

Quelques-uns, la plupart de ces biens, les plus essentiels et les plus féconds, sont devenus la jouissance exclusive de certains hommes, de certaines familles, de certaines classes.

C'est la conséquence inévitable du fait que ces biens, ou les moyens de se les procurer, sont la propriété spéciale et perpétuelle de certains hommes, de certaines familles, de certaines classes.

Une telle confiscation, au profit de quelques-uns, d'une partie du trésor humain, est essentiellement contraire au droit. Au droit des hommes de la même génération qui devraient tous en jouir. Au droit des générations successives, car chacune de ces générations, à mesure qu'elles entrent dans la vie, doit trouver les biens de la vie également accessibles, et en jouir à son tour comme ses prédécesseurs.

Donc il faut détruire l'appropriation spéciale et

perpétuelle des biens qui donnent le bonheur, et des moyens de se procurer ces biens, pour en assurer la jouissance universelle et l'égale répartition entre tous les hommes et toutes les générations d'hommes.

Comment abolir la propriété? Comment la transformer, du moins, de telle sorte que, dans ses effets sociaux et permanents, elle soit comme abolie?

Ici les chefs de la République sociale diffèrent beaucoup entre eux. Les uns recommandent des moyens lents et doux; les autres poussent aux moyens prompts et décisifs. Les uns ont recours à des moyens politiques : par exemple, à une certaine organisation de la vie et du travail en commun. Les autres s'efforcent d'inventer des moyens économiques et financiers : par exemple, un certain ensemble de mesures destinées à détruire peu à peu le revenu net de la propriété, terre ou capital, et à rendre ainsi la propriété elle-même inutile et illusoire. Mais tous ces moyens partent du même dessein et tendent au même effet : l'abolition ou l'annulation de la propriété individuelle, domestique et héréditaire, et des institutions sociales ou politiques qui ont la propriété individuelle, domestique et héréditaire pour fondement.

A travers la diversité, l'obscurité, l'indécision, les contradictions des idées qui circulent dans la République sociale, c'est là l'origine et le terme, l'*alpha* et l'*oméga* de toutes ces idées ; c'est là le but qu'on poursuit et qu'on se flatte d'atteindre.

Voici ce qu'oublient M. Proudhon et ses amis.

L'homme, ce n'est pas seulement les êtres individuels qu'on appelle les hommes ; c'est le genre humain, qui a une vie d'ensemble, et une destinée générale et progressive : caractère distinctif de la créature humaine seule au sein de la création.

A quoi tient ce caractère?

A ce que les individus humains ne sont pas isolés ni bornés à eux-mêmes, et au point qu'ils occupent dans l'espace et dans le temps. Ils tiennent les uns aux autres, ils agissent les uns sur les autres par des liens et par des moyens qui n'ont pas besoin de leur présence personnelle et qui leur survivent. En sorte que les générations successives des hommes sont liées entre elles et s'enchaînent en se succédant.

L'unité permanente qui s'établit et le développement progressif qui s'opère par cette tradition incessante des hommes aux hommes et des générations aux générations, c'est là le genre humain; c'est son originalité et sa grandeur; c'est un des traits qui marquent l'homme pour la souveraineté dans ce monde, et pour l'immortalité au delà de ce monde.

C'est de là que dérivent et par là que se fondent la famille et l'État, la propriété et l'hérédité, la patrie, l'histoire, la gloire, tous les faits et tous les sentiments qui constituent la vie étendue et perpétuelle de l'humanité au milieu de l'apparition si bornée et de la disparition si rapide des individus humains.

La République sociale supprime tout cela. Elle ne voit dans les hommes que des êtres isolés et éphémères qui ne paraissent dans la vie et sur cette terre, théâtre de la vie, que pour y prendre leur subsistance et leur plaisir, chacun pour son compte seul, au même titre et sans autre fin.

C'est précisément la condition des animaux. Parmi eux, point de lien, point d'action qui survive aux individus et s'étende à tous. Point d'appropriation permanente, point de transmission héréditaire, point d'ensemble ni de progrès dans la

vie de l'espèce ; rien que des individus qui paraissent et passent, prenant en passant leur part des
biens de la terre et des plaisirs de la vie, dans la
mesure de leur besoin et de leur force qui font leur
droit.

Ainsi, pour assurer à tous les individus humains
la répartition égale et incessamment mobile des
biens et des plaisirs de la vie, la République sociale
fait descendre les hommes au rang des animaux ;
elle abolit le genre humain.

Elle abolit bien plus encore.

C'est l'impérissable instinct de l'homme que Dieu
préside à sa destinée et qu'elle ne s'accomplit pas
tout entière en ce monde. Naturellement, univer-
sellement, au-dessus de lui et au delà de cette vie,
l'homme voit Dieu et l'invoque, comme soutien
dans le présent, comme espérance dans l'avenir.

Pour les docteurs de la République sociale, Dieu est un pouvoir inconnu, imaginaire, sur qui les pouvoirs visibles et réels, les puissants de la terre, se déchargent de leur propre responsabilité dans la destinée des hommes. En reportant ainsi, vers un autre maître et une autre vie, les regards de ceux qui souffrent, ils les disposent à se résigner à leurs souffrances, et s'assurent à eux-mêmes le maintien de leurs usurpations. Dieu, c'est le mal, car c'est le nom qui fait que les hommes acceptent le mal. Pour bannir le mal de la terre, il faut bannir Dieu de l'esprit humain. Seuls alors en présence de leurs maîtres terrestres, et réduits à la vie terrestre, les hommes voudront absolument les jouissances de cette vie et la répartition égale de ces jouissances. Et, dès que ceux à qui elles manquent les voudront réellement, ils les auront, car ils sont les plus forts.

Ainsi, Dieu et le genre humain disparaissent ensemble; et, à leur place, restent des animaux qu'on appelle encore des hommes, plus intelligents et plus puissants que les autres animaux, mais de même condition, de même destinée, et, comme eux, prenant en passant leur part des biens de la terre et des plaisirs de la vie, dans la mesure de leur besoin et de leur force qui font leur droit.

Voilà la philosophie de la République sociale, et par conséquent la base de sa politique. Voilà d'où elle émane et où elle conduit.

Je ferais injure, en insistant, au bon sens et à l'honneur humain. Il suffit de montrer. C'est la dégradation de l'homme et la destruction de la société.

Non-seulement de notre société actuelle, mais de toute société humaine : car toute société repose sur les fondements que la République sociale renverse. Ce n'est point d'une invasion de l'édifice social par des nouveaux venus, Barbares ou non, c'est de la ruine de cet édifice qu'il s'agit. Que M. Proudhon, s'il disposait en maître de la société actuelle et de tous les biens qu'elle renferme, en changeât, comme il lui plairait, la distribution et les possesseurs, ce serait beaucoup d'iniquité et de souffrance ; ce ne serait pas la mort même de la société. Mais, s'il prétendait donner pour lois, à la société nouvelle, les idées qu'il dresse, comme des machines de guerre, contre la société d'aujourd'hui, la société nouvelle périrait infailliblement. Au lieu d'un État et d'un peuple, il n'y aurait plus qu'un chaos d'hommes, sans lien et sans repos. Et pour sortir de ce chaos, il faudrait absolument sortir, à force d'inconséquences, des idées de la République sociale, et rentrer dans les conditions naturelles de l'ordre social.

La République sociale est à la fois odieuse et impossible. C'est la plus absurde en même temps que la plus perverse des chimères.

Mais que ceci ne nous rassure point. Rien n'est plus dangereux que ce qui est en même temps fort et impossible. La République sociale a de la force. Comment n'en aurait-elle pas? Usant avec ardeur de toutes les libertés publiques, elle répand, elle propage sans relâche, dans les rangs les plus pressés de la société, ses idées et ses promesses. Elle trouve là des populations faciles à tromper, faciles à embraser. Elle leur offre des droits au service de leurs intérêts. Elle évoque leurs passions au nom de la justice et de la vérité. Car, il serait puéril de le méconnaître, les idées de la République sociale ont, pour beaucoup d'esprits, le caractère et l'empire de la vérité. Dans des questions si complexes et si vives, la moindre lueur de vérité suffit pour éblouir la vue et pour enflammer le cœur des hommes. Ils accueillent, ils adoptent aussitôt, avec transport, les plus grossières, les plus fatales erreurs; le fanatisme s'allume en même temps que l'égoïsme se déploie; les dévouements sincères s'associent aux passions brutales; et dans la fermentation terrible qui éclate alors, c'est le mal qui domine; ce qui s'y mêle de bien ne fait que servir au mal de voile et d'instrument.

Nous n'avons pas le droit de nous en plaindre, car c'est nous-mêmes qui alimentons incessamment le foyer de l'incendie; c'est nous qui prêtons à la République sociale sa principale force. C'est le chaos de nos idées et de nos mœurs politiques, ce chaos caché tantôt sous le mot *démocratie*, tantôt sous le mot *égalité*, tantôt sous le mot *peuple*, qui lui ouvre toutes les portes et abat devant elle tous les remparts de la société. On dit que la démocratie est tout; les hommes de la République sociale répondent : « La démocratie, c'est nous. » On proclame confusément l'égalité absolue des droits et le droit souverain du nombre; les hommes de la République sociale se présentent et disent : « Comptez-nous. » La perpétuelle confusion, dans notre propre politique, dans nos idées, dans notre langage, du vrai et du faux, du bien et du mal, du possible et du chimérique, c'est là ce qui nous énerve pour la défense, et ce qui donne à la République sociale, pour l'attaque, une confiance, une arrogance, un crédit que, par elle-même, elle ne posséderait point.

Que cette confusion se dissipe; que nous entrions enfin dans cette époque de maturité où les peuples libres voient les choses comme elles sont réellement, assignent aux divers éléments de la société leur juste mesure, aux mots leur vrai sens, et règlent leurs idées comme leurs affaires avec cette tempérance ferme qui écarte toutes les fantaisies, admet toutes les nécessités, respecte tous les droits, ménage tous les intérêts, et réprime toutes les usurpations, celles d'en bas comme celles d'en haut, celles du fanatisme comme celles de l'égoïsme. Quand nous en serons là, la République sociale ne disparaîtra point; nous n'aurons pas supprimé ses efforts et ses dangers; elle puise son ambition et sa force à des sources que personne ne peut tarir. Mais, dominée par les forces d'ensemble et d'ordre de la société, elle sera incessamment combattue et vaincue dans ce qu'elle a d'absurde et de pervers, tout en prenant progressivement sa place et sa part dans cet immense et redoutable développement de l'humanité tout entière qui s'accomplit de nos jours.

V

CHAPITRE CINQUIÈME.

———

Le premier pas à faire pour sortir de ce chaos où nous nous perdons, c'est de reconnaître et d'accepter franchement les éléments, tous les éléments réels et essentiels de la société, telle qu'elle est faite aujourd'hui en France.

C'est parce que nous méconnaissons ces éléments, ou parce que nous leur refusons ce qui leur
est dû , que nous restons ou que nous retombons
sans cesse dans le chaos.

On peut torturer une société, peut-être même la
détruire; on ne peut pas l'organiser ni la faire
vivre contre ce qu'elle est réellement, en ne tenant
pas compte des faits essentiels qui la constituent
ou en leur faisant violence.

Je regarde d'abord à ce qui fait la base de la société française, comme de toute société, à l'ordre
civil.

La famille; la propriété, dans tous ses genres ,
terre, capital ou salaire; le travail sous toutes ses
formes, individuel ou collectif, intellectuel ou manuel; les situations que font aux hommes et les
rapports qu'amènent entre eux la famille, la propriété et le travail : c'est là la société civile.

Le fait essentiel et caractéristique de la société civile en France, c'est l'unité de lois et l'égalité de droits.

Toutes les familles, toutes les propriétés, tous les travaux sont régis par les mêmes lois et possèdent ou confèrent les mêmes droits civils.

Point de priviléges, c'est-à-dire point de lois ni de droits civils particuliers pour telles ou telles familles, telles ou telles propriétés, tels ou tels travaux.

C'est un fait nouveau et immense dans l'histoire des sociétés humaines.

Au milieu de ce fait cependant, au sein de cette unité et de cette égalité civile, existent évidemment des diversités et des inégalités nombreuses, considérables, que l'unité de lois et l'égalité de droits civils ne préviennent et ne détruisent point.

Dans la propriété, foncière ou immobilière, terre ou capital, il y a des riches et des pauvres. Il y a la grande, la moyenne et la petite propriété.

Que les grands propriétaires soient moins nombreux et moins riches, que les moyens et les petits propriétaires soient plus nombreux et plus puissants qu'ils n'étaient autrefois ou qu'ils ne sont ailleurs, cela n'empêche pas que la différence ne soit réelle, et assez grande pour créer, dans l'ordre civil, des situations sociales profondément diverses et inégales.

Je passe des situations fondées sur la propriété à celles qui se fondent sur le travail, sur tous les genres de travail, depuis le travail intellectuel le plus élevé jusqu'au travail manuel le plus vulgaire. Là aussi je rencontre le même fait. Là aussi la diversité et l'inégalité naissent et se maintiennent au sein des lois identiques et des droits égaux.

Dans les professions qu'on appelle libérales et qui vivent d'intelligence et de science, parmi les avocats, les médecins, les savants et les lettrés de toute sorte, quelques-uns s'élèvent au premier rang, attirent à eux les affaires et les succès, acquièrent le renom, la richesse, l'influence; d'autres suffisent laborieusement aux nécessités de leur famille et aux convenances de leur position; beaucoup d'autres végètent obscurément dans un malaise oisif.

Un fait mérite même d'être remarqué. Depuis que toutes les professions sont également accessibles à tous, depuis que le travail est libre et régi pour tous par les mêmes lois, le nombre des hommes qui, dans les professions libérales, s'élèvent au premier rang, n'est pas sensiblement augmenté. Il ne paraît pas qu'il y ait aujourd'hui plus de grands jurisconsultes, de grands médecins, de savants et de lettrés du premier ordre qu'il n'y en avait jadis. Ce sont les existences de second ordre et la multitude obscure et oisive qui se sont multipliées; comme si la Providence ne permettait pas aux lois humaines d'influer, dans l'ordre intellectuel, sur l'étendue et la magnificence de ses dons.

Dans les autres professions, là où le travail est surtout matériel et manuel, là aussi il y a des situations diverses et inégales. Les uns, par l'intelligence et la bonne conduite, se créent un capital et entrent dans la voie de l'aisance et du progrès. Les autres, ou bornés, ou paresseux, ou déréglés, restent dans la condition étroite et précaire des existences fondées uniquement sur le salaire.

Ainsi dans toute l'étendue de notre société civile, au sein du travail comme au sein de la propriété, les diversités et l'inégalité des situations se produisent ou se maintiennent, et coexistent avec l'unité de lois et l'égalité de droits.

Comment en serait-il autrement? Qu'on examine

toutes les sociétés humaines de tous les lieux et de
tous les temps : à travers la variété de leur organisation, de leur gouvernement, de leur étendue, de
leur durée, des genres et des degrés de leur civilisation, on trouvera, dans toutes, trois types de situation sociale, toujours les mêmes au fond, quoique sous des formes très-diverses, et diversement
distribués :

Des hommes vivant du revenu de leurs propriétés, foncières ou mobilières, terres ou capitaux,
sans chercher à les accroître par leur propre travail ;

Des hommes appliqués à exploiter et à accroître,
par leur propre travail, les propriétés, foncières ou
mobilières, terres ou capitaux de tout genre qu'ils
possèdent ;

Des hommes vivant de leur travail, sans terres
ni capitaux.

Ces diversités, ces inégalités dans la situation sociale des hommes ne sont point des faits accidentels ou spéciaux à tel ou tel temps, à tel ou tel pays ; ce sont des faits universels qui se produisent naturellement dans toute société humaine, au milieu des circonstances et sous l'empire des lois les plus différentes.

Et plus on y regardera de près, plus on se convaincra que ces faits sont dans une intime liaison et dans une profonde harmonie d'une part avec la nature de l'homme qu'il nous appartient de connaître, de l'autre avec les mystères de sa destinée qu'il nous est donné seulement d'entrevoir.

Ce n'est pas tout : indépendamment de ces diversités, de ces inégalités entre les individus, propriétaires et travailleurs, d'autres diversités, d'autres inégalités existent entre les genres mêmes de propriété et de travail ; différences non moins réelles, quoique moins apparentes, et que l'unité des lois et l'égalité des droits civils ne détruisent pas davantage.

La propriété mobilière, le capital, a pris et continue de prendre, dans nos sociétés modernes, une extension et une importance toujours croissantes. C'est évidemment au profit de son développement que se fait de nos jours le progrès de la civilisation ; juste retour des immenses services que la propriété mobilière, en se développant, a rendus à la civilisation.

On ne se contente pas de cela ; on essaie, on s'efforce constamment d'assimiler de plus en plus la propriété foncière à la propriété mobilière, la terre au capital ; de rendre l'une aussi disponible, aussi divisible, aussi mobile, aussi commode à posséder et à exploiter que l'est en effet l'autre. Toutes les innovations, directes ou indirectes, qu'on propose dans le régime de la propriété foncière, ont ce but patent ou détourné.

Cependant au milieu de ce mouvement, si favorable à la propriété mobilière, la propriété foncière n'en demeure pas moins, non-seulement la plus considérable en France, mais toujours la première dans le jugement et dans le désir des hommes. Ceux qui la possèdent s'adonnent de plus en plus à en jouir. Ceux qui ne la possèdent pas se montrent de plus en plus ardents à l'acquérir. Les grands propriétaires reprennent goût à vivre dans leurs terres. Les bourgeois arrivés à l'aisance placent à la campagne leur repos. Les paysans ne songent qu'à ajouter un champ à leur champ. En même temps que la propriété mobilière se développe avec faveur, la propriété foncière est plus recherchée et plus goûtée que jamais.

On peut prédire sans crainte que, si, comme je

l'espère bien, l'ordre social triomphe de ses ennemis, insensés ou pervers, les attaques dont la propriété foncière est aujourd'hui l'objet, et les périls
dont on la menace, tourneront au profit de sa prépondérance dans la société.

D'où vient cette prépondérance? Prend-elle sa
source uniquement dans ce fait que la terre est, de
toutes les propriétés, la plus sûre, la moins variable, celle qui résiste et survit le mieux aux perturbations et aux misères sociales?

Ce motif, le premier qui s'offre à l'esprit, est réel
et puissant; mais il s'en faut bien que ce soit le seul.
D'autres motifs encore, des instincts plus intimes,
et dont l'empire est grand sur l'homme, même à
son insu, assurent à la propriété foncière la prépondérance sociale, et la lui font recouvrer quand
elle est momentanément ébranlée ou affaiblie.

Parmi ces instincts, j'en indiquerai seulement

deux : à mon avis les plus puissants. Et je me bornerai à les indiquer; j'irais trop loin si j'en voulais sonder la profondeur.

La propriété mobilière, le capital, peut donner à l'homme la richesse. La propriété foncière, la terre, lui donne bien autre chose encore. Elle lui donne une part dans le domaine du monde. Elle unit sa vie à la vie de toute la création. La richesse mobilière est un instrument à la disposition de l'homme, qui s'en sert pour satisfaire à ses besoins, à ses plaisirs, à ses volontés. La propriété foncière est l'établissement de l'homme au milieu et au-dessus de la nature. Outre ses besoins, ses plaisirs, ses volontés, elle satisfait en lui à une multitude de penchants divers et profonds. Elle crée, pour la famille, la patrie domestique, avec toutes les sympathies qui s'y rattachent dans le présent, toutes les perspectives qu'elle ouvre dans l'avenir.

En même temps qu'elle répond ainsi, plus complétement que toute autre, à la nature de l'homme, la propriété foncière est aussi celle qui place sa vie et son activité dans la situation la plus morale, celle qui le contient le plus sûrement dans un sentiment juste de ce qu'il est et de ce qu'il peut. Dans presque toutes les autres professions, industrielles, commerciales, savantes, le succès dépend ou paraît dépendre uniquement de l'homme lui-même, de son habileté, de son savoir-faire, de sa prévoyance, de sa vigilance. Dans la vie agricole, l'homme est sans cesse en présence de Dieu et de son pouvoir. Autant qu'ailleurs l'activité, l'habileté, la prévoyance, la vigilance de l'homme lui-même sont nécessaires au succès de son travail. Elles y sont aussi évidemment insuffisantes que nécessaires. C'est Dieu qui dispose des saisons, de la température, du soleil, de la pluie, de tous ces phénomènes de la nature qui décident du sort des travaux de l'homme sur le sol qu'il cultive. Il n'y a point d'orgueil qui résiste, point de savoir-faire qui échappe à cette dépendance. Et ce n'est pas seulement un sentiment de modestie sur ce qu'il peut lui-même dans sa propre destinée qui est par là inculqué à l'homme ; il apprend aussi la tranquillité et la patience. Il ne saurait se figurer qu'à force d'inventions et de mouvements, en courant sans relâche après le succès, il finira par l'atteindre. Quand il a fait ce qui dépend de lui pour exploiter et féconder la terre, il faut qu'il attende et qu'il se résigne. Plus on pénètre dans la situation que font à l'homme la propriété et la vie territoriales, plus on découvre tout ce qu'il y a de salutaire, pour sa raison et pour sa disposition morale, dans les enseignements et dans les influences qu'il en reçoit.

Les hommes ne se rendent pas compte de ces faits, mais ils en ont le sentiment instinctif ; et cet instinct contribue puissamment à l'estime particulière qu'ils font évidemment de la propriété foncière et à la prépondérance qu'elle obtient. Cette prépondérance est un fait naturel, légitime, salutaire, que, dans un grand pays surtout, la société tout entière a un immense intérêt à reconnaître et à respecter.

Ce que je viens de constater dans la sphère de la propriété, je le constaterai également dans la sphère du travail. C'est la gloire de la civilisation moderne d'avoir compris et mis en lumière la valeur morale et l'importance sociale du travail, de lui avoir restitué l'estime et le rang qui lui appartiennent. Si j'avais à rechercher quel a été le mal le plus profond, le vice le plus funeste de cette ancienne société qui a dominé en France jusqu'au seizième siècle, je dirais sans hésiter que c'est le mépris du travail. Le mépris du travail, l'orgueil de l'oisiveté sont des signes certains, ou que la société est sous l'empire de la force brutale, ou qu'elle marche à la décadence. Le travail est la loi que Dieu a imposée à l'homme. C'est par le travail qu'il développe et perfectionne toutes choses autour de lui, qu'il se développe et se perfectionne lui-même. C'est le travail qui est devenu, entre les nations, le gage le plus assuré de la paix. C'est le respect et la liberté du travail qui, malgré tant de raisons de sollicitude, peuvent nous faire beaucoup espérer de l'avenir des sociétés humaines.

Par quelle fatalité le mot *travail*, si glorieux pour la civilisation moderne, est-il aujourd'hui, parmi nous, un cri de guerre, une source de désastres?

C'est que ce mot couvre un grand, un déplorable mensonge. Ce n'est point du travail, de ses intérêts et de ses droits qu'il s'agit dans l'agitation suscitée en son nom. Ce n'est point en faveur du travail que se fait et que tournerait cette guerre qui le prend pour drapeau. Elle est dirigée au contraire, elle tournerait infailliblement contre le travail lui-même. Elle ne peut que le ruiner et l'avilir.

Comme la famille, comme la propriété, comme toutes choses en ce monde, le travail a ses lois naturelles et générales. La diversité et l'inégalité entre les travaux, entre les travailleurs, entre les résultats du travail, sont au nombre de ces lois. Le travail intellectuel est supérieur au travail manuel. Descartes en éclairant la France, Colbert en fondant sa prospérité, font un travail supérieur à celui des ouvriers qui impriment les œuvres de Descartes ou qui vivent dans les manufactures protégées par Colbert. Et, parmi ces ouvriers, ceux qui sont intelligents, moraux, laborieux, acquièrent légitimement, par leur travail, une situation supérieure à celle où languissent ceux qui sont peu intelligents, paresseux, licencieux. La variété des tâches et des missions humaines est infinie : le travail est partout dans ce monde, dans la maison du père de famille qui élève ses enfants et administre ses affaires, dans le cabinet de l'homme d'État qui prend part au gouvernement de son pays, du magistrat qui lui rend la justice, du savant qui l'instruit, du poëte qui le charme, dans les champs, sur les mers, sur les routes, dans les ateliers. Et partout, entre tous les genres de travail, dans toutes les classes de travailleurs, la diversité et l'inégalité naissent et se perpétuent : inégalité de grandeur intellectuelle, de mérite moral, d'importance sociale, de valeur matérielle. Ce sont là les lois naturelles, primitives, universelles, du travail, telles qu'elles découlent de la nature et de la condition de l'homme, c'est-à-dire telles que les a instituées la sagesse de Dieu.

C'est contre ces lois que se fait la guerre dont nous sommes les témoins. C'est cette hiérarchie féconde, établie dans la sphère du travail par les décrets de la volonté divine et par les actes de la liberté humaine, qu'il s'agit d'abolir pour y substituer..... quoi?..... L'abaissement et la ruine du travail par le nivellement des travaux et des travailleurs. Regardez de près au sens que porte habituellement le mot *travail* dans le langage de cette guerre antisociale. On ne dit pas que le travail matériel et manuel soit le seul travail véritable. On rend même de temps en temps au travail purement intellectuel de pompeux hommages. Mais on oublie, on laisse dans l'ombre la plupart des travaux variés qui s'accomplissent à tous les degrés de l'échelle sociale; c'est du seul travail matériel qu'on se préoccupe, c'est celui-là qu'on présente incessamment comme le travail par excellence, celui devant lequel s'effacent tous les autres. On parle enfin de manière à faire naître et à entretenir, dans l'esprit des ouvriers adonnés au travail matériel, le sentiment que c'est leur travail seul qui mérite ce nom et en possède les droits. Ainsi, d'une part, on abaisse le niveau des choses; de l'autre, on enfle l'orgueil des hommes. Et, quand il s'agit des hommes eux-mêmes, quand on parle non plus du travail, mais des travailleurs, on procède de la même façon, toujours par voie d'abaissement. C'est à la qualité abstraite d'ouvrier, indépendamment du mérite individuel, qu'on attache tous les droits du travail. C'est ainsi le travail le plus commun, le dernier dans l'échelle, qu'on prend pour base et pour règle, lui subordonnant, c'est-à-dire lui sacrifiant tous les degrés supérieurs, et abolissant partout la diversité et l'inégalité au profit de ce qu'il y a de moindre et de plus bas.

Est-ce là servir, est-ce là seulement comprendre la cause du travail? Est-ce là avancer, ou seulement persévérer dans cette voie glorieuse de notre civilisation où le travail a grandi et reconquis son rang? N'est-ce pas, au contraire, mutiler, avilir, compromettre le travail, et lui enlever ses beaux titres et ses vrais droits pour y substituer des prétentions absurdes et basses malgré leur insolence? N'est-ce pas enfin méconnaître grossièrement et torturer violemment, dans la sphère du travail, les faits naturels, les éléments réels et essentiels de notre société civile, qui, en se fondant sur l'unité des lois et l'égalité des droits, n'a certes pas prétendu abolir la variété des mérites et des destinées, loi mystérieuse de Dieu dans ce monde et résultat indomptable de la liberté de l'homme?

Je quitte la société civile. J'entre dans la société politique, celle que forment entre les hommes leurs intérêts, leurs idées, leurs sentiments dans leurs rapports avec le gouvernement de l'État. Là aussi je veux reconnaître avec précision quels sont aujourd'hui en France les éléments réels et essentiels de la société.

Dans un pays libre ou qui travaille à le devenir, les éléments de la société politique sont les partis politiques. Je prends le mot *parti* dans son acception la plus étendue et la plus élevée.

Légalement, il n'y a aujourd'hui en France point

d'autres partis que les partis inhérents à tout régime constitutionnel : le parti du gouvernement et celui de l'opposition. Il n'y a point de légitimistes. Il n'y a point d'orléanistes. La République existe. Elle interdit toute attaque contre le principe de son existence. C'est le droit de tout gouvernement établi. Je ne le conteste point et n'entends point y déroger.

Mais il y a des faits si profonds que les lois qui leur interdisent de paraître ne les détruisent point, même quand elles sont obéies. Il y a des partis qui ont pris leur origine et poussé leurs racines si avant dans la société qu'ils ne meurent point, même quand ils se taisent.

Le parti légitimiste est autre chose qu'un parti dynastique, autre chose même qu'un parti monarchique. En même temps qu'il est attaché à un principe et à un nom propre, il tient, par lui-même et pour son propre compte, une grande place dans l'histoire, une grande place sur le sol de la patrie. Il représente ce qui reste des éléments qui ont longtemps dominé dans l'ancienne société française. Société féconde et puissamment progressive, car c'est dans son sein que s'est formée et qu'a grandi, à travers les siècles, toute cette France qui a éclaté, en 1789, avec tant de force, d'ambition et de gloire. La révolution française a pu détruire l'ancienne société française ; elle n'a pu en anéantir les éléments. Ils ont survécu à tous les coups ; ils ont reparu au milieu de toutes les ruines. Et non-seulement ils subsistent encore ; non-seulement ils sont présents et considérables dans la France nouvelle ; mais évidemment, de jour en jour, de crise en crise, ils acceptent plus décidément, plus complétement, l'ordre social et le régime politique que la France a cherchés. Et, à mesure qu'ils les acceptent, ils y entrent et s'y relèvent, se transformant sans se désavouer.

Et le parti qui a voulu fonder la monarchie de
1830 et qui l'a soutenue plus de dix-sept ans,
pense-t-on qu'il ait disparu dans la tempête qui a
renversé son édifice? On l'a appelé le parti de la
bourgeoisie, des classes moyennes. C'est en effet ce
qu'il était, ce qu'il est encore aujourd'hui. L'ascen-
dant des classes moyennes, incessamment alimen-
tées et recrutées par la population tout entière, est,
depuis 1789, le fait caractéristique de notre histoire. Non-seulement elles ont conquis cet ascen-
dant, elles l'ont aussi justifié. A travers les graves
erreurs où elles sont tombées et qu'elles ont payées
si cher, elles ont possédé et déployé ce qui fait, en
définitive, la force et la grandeur des nations. A
toutes les époques, pour tous les besoins de l'État,
pour la guerre comme pour la paix, dans toutes les
carrières sociales, elles ont amplement fourni des
hommes, des générations d'hommes capables, ac-
tifs, dévoués, qui ont bien servi la patrie. Et lorsqu'elles ont été amenées, en 1830, à fonder une

monarchie nouvelle, les classes moyennes ont porté, dans cette difficile entreprise, un esprit de justice et de sincérité politique dont aucun événement ne peut leur enlever l'honneur. En dépit de toutes les passions, de tous les périls qui les assaillaient, en dépit de leurs propres passions, elles ont sérieusement voulu et pratiqué l'ordre constitutionnel ; elles ont effectivement respecté et maintenu, au dedans et pour tous, la liberté, la liberté à la fois légale et vive, au dehors et partout, la paix, la paix active et prospère.

Je ne suis point de ceux qui méconnaissent et méprisent la puissance des affections dans l'ordre politique. Je n'admire point, comme de grands esprits et des âmes fortes, les hommes qui disent : « Nous ne tenons point à telle ou telle famille ; nous ne faisons nul cas des noms propres ; nous prenons ou nous délaissons les personnes selon les nécessités et les intérêts. » Il y a, selon moi, dans ce langage et dans ce qu'il couvre, bien plus d'ignorance et d'impuissance politique que de hauteur d'esprit et de sagesse. Il est très-vrai cependant que ce seraient des partis politiques bien faibles, bien vains, que ceux qui ne s'attacheraient qu'à des noms propres et ne puiseraient leur force que dans les affections que les personnes peuvent inspirer. Mais pense-t-on que le parti légitimiste et le parti de la monarchie de 1830 soient des partis de cette nature? N'est-il pas évident au contraire que ce sont des partis issus du cours général des faits bien plus que de l'attachement aux personnes, des partis sociaux en même temps que politiques, et qui correspondent aux éléments les plus profonds et les plus vivaces de la société en France?

Autour de ces grands partis flotte la masse de la population, tenant à l'un ou à l'autre par ses intérêts, par ses habitudes, par ses instincts honnêtes et sensés, mais sans adhésion forte ni solide, incessamment assaillie et travaillée par les communistes, les socialistes et toutes leurs nuances. Ceux-ci ne sont point des partis politiques, car ce n'est point un principe, un système spécial d'organisation politique qu'ils poursuivent et veulent fonder. Attaquer, détruire toutes les influences, tous les liens, moraux ou matériels, qui rattachent aux classes politiques, anciennes ou nouvelles, la population qui vit du travail de ses mains; séparer profondément cette population ici des propriétaires, là des capitalistes, ailleurs des ministres de la religion, ailleurs des pouvoirs établis, quels qu'ils soient; l'attirer à eux et la dominer, au nom de ses misères et de ses appétits, c'est là tout leur effort, toute leur œuvre. Un seul nom leur convient, le nom de partis anarchiques. Ce n'est pas tel ou tel gouvernement, c'est l'anarchie, l'anarchie seule qu'ils fomentent au sein du peuple. Un fait cependant est frappant. Sincères ou pervers, utopistes aveugles

13

ou anarchistes volontaires, tous ces perturbateurs de l'ordre social sont républicains. Non pas qu'ils aiment ou supportent mieux le gouvernement républicain que tout autre. Républicain ou monarchique, tout gouvernement régulier et efficace leur est également antipathique. Mais ils espèrent, sous la République, des armes plus fortes pour eux, des digues moins fortes contre eux. C'est là le secret de leur préférence.

Je parcours en tous sens la société française; je cherche et je constate partout ses éléments réels, essentiels. J'arrive par toutes les voies au même résultat : je reconnais partout, dans l'ordre politique comme dans l'ordre civil, des diversités, des inégalités profondes. Et ni, dans l'ordre civil, l'unité de lois et l'égalité de droits, ni, dans l'ordre politique, le gouvernement républicain ne peuvent détruire ces diversités, ces inégalités. Elles se perpétuent ou se reproduisent au sein de toutes les législations, sous l'empire de tous les gouvernements.

Ce n'est point là une opinion, un raisonnement, une conjecture; ce sont les faits.

Quel est le sens, quelle est la portée de ces faits? Y retrouverions-nous les anciennes classifications de la société? Les anciennes dénominations de la politique y seraient-elles applicables? Y aurait-il là une aristocratie en présence d'une démocratie? ou bien une noblesse, une bourgeoisie et la multitude? Ces diversités, ces inégalités des situations sociales et politiques formeraient-elles, tendraient-elles à former une société hiérarchiquement classée, analogue à celles qu'a déjà vues le monde?

Non certainement. Les mots *aristocratie, démocratie, noblesse, bourgeoisie, hiérarchie* ne correspondent point exactement aux faits qui constituent aujourd'hui la société française, n'expriment point ces faits avec vérité.

N'y a-t-il, en revanche, dans cette société, que des citoyens égaux entre eux, point de classes réellement diverses, ou seulement des diversités, des inégalités, sans importance politique? Rien qu'une grande et uniforme démocratie, qui cherche sa satisfaction dans la République, au risque de ne trouver que dans le despotisme son repos?

Pas davantage : l'une et l'autre assertion méconnaîtraient également l'état vrai de notre société. Il faut secouer le joug des mots et voir les faits tels qu'ils sont réellement. La France est à la fois très-nouvelle et pleine de passé. Sous l'empire des principes d'unité et d'égalité qui président à son organisation, elle renferme des conditions sociales et des situations politiques profondément diverses et inégales. Il n'y a point de classification hiérarchique, mais il y a des classes différentes. Il n'y a point d'aristocratie proprement dite, mais il y a autre chose que de la démocratie. Les éléments réels, essentiels et distincts de la société française, tels que je viens de les décrire, peuvent se combattre et s'énerver; ils ne sauraient se détruire et s'annuler les uns les autres; ils résistent, ils survivent à toutes les luttes où ils s'engagent, à toutes les misères qu'ils s'imposent mutuellement. Leur existence est un fait qu'il n'est pas en leur pouvoir d'abolir. Qu'ils acceptent donc pleinement ce fait. Qu'ils vivent ensemble et en paix. La liberté comme le repos, la dignité comme la prospérité, la grandeur comme la sécurité de la France sont à ce prix.

A quelles conditions cette paix peut-elle s'établir?

VI

CHAPITRE SIXIÈME.

CONDITIONS POLITIQUES DE LA PAIX SOCIALE EN FRANCE.

Quand on aura bien décidément reconnu et admis que les classes diverses qui existent parmi nous, et les partis politiques qui leur correspondent, sont des éléments naturels, profonds, de la société française, on aura fait un grand pas vers la paix sociale.

14

Cette paix est impossible tant que les classes diverses, les grands partis politiques que renferme notre société, nourrissent l'espoir de s'annuler mutuellement et de posséder seuls l'empire. C'est là, depuis 1789, le mal qui nous travaille et nous bouleverse périodiquement. Tantôt les éléments démocratiques ont prétendu extirper l'élément aristocratique; tantôt l'élément aristocratique a tenté d'étouffer les éléments démocratiques et de ressaisir la domination. Les constitutions, les lois, la pratique du gouvernement ont été dirigées tour à tour, comme des machines de guerre, vers l'un ou l'autre dessein. Guerre à mort dans laquelle ni l'un ni l'autre des combattants ne croyait pouvoir vivre si son rival restait debout devant lui.

L'empereur Napoléon a suspendu cette guerre. Il a rallié les anciennes classes dominantes, les nouvelles classes prépondérantes; et, soit par la sécurité qu'il leur procurait, soit par le mouvement où il les entraînait, soit par le joug qu'il leur imposait, il a rétabli et maintenu entre elles la paix.

Après lui, de 1814 à 1830, et de 1830 à 1848, la guerre a recommencé. Un grand progrès a été accompli : la liberté a été réelle; l'ancien élément aristocratique et l'élément démocratique se sont déployés sans s'opprimer mutuellement. Mais ils ne se sont point acceptés l'un l'autre; ils ont ardemment travaillé à s'exclure.

Et maintenant un troisième combattant est entré dans l'arène. L'élément démocratique s'est divisé. Contre les classes moyennes on dresse les classes ouvrières, contre la bourgeoisie le peuple. Et cette nouvelle guerre est aussi une guerre à mort, car le nouveau prétendant est aussi arrogant, aussi exclusif que les autres ont jamais pu l'être. Le peuple, dit-on, a seul droit à l'empire; et nul rival, ancien ou récent, noble ou bourgeois, ne peut être admis à le partager avec lui.

Il faut que toute prétention semblable dispa-
raisse, non de la part d'un seul, mais de la part
de tous les prétendants. Il faut que les grands éléments de notre société, l'ancienne aristocratie, les
classes moyennes, le peuple, renoncent à l'espoir
de s'exclure et de s'annuler mutuellement. Qu'ils
luttent entre eux d'influence; que chacun main-
tienne sa position et ses droits; qu'ils tentent même
de les étendre; c'est la vie politique. Mais qu'ils
cessent toute hostilité radicale; qu'ils se résignent
à vivre ensemble et côte à côte, dans le gouvernement comme dans la société civile. C'est la première condition politique de la paix sociale.

Comment cette condition peut-elle être accom-
plie? Comment les divers éléments de notre société
peuvent-ils être amenés à s'accepter mutuellement
et à jouer ensemble leur rôle dans le gouvernement
du pays?

Par une organisation de ce gouvernement où ils

trouvent tous leur place et leur part, qui leur donne, à tous en même temps, des satisfactions et des limites.

Je rencontre ici l'idée la plus fausse, la plus funeste peut-être de toutes celles qui circulent de nos jours en matière d'organisation politique. C'est celle-ci : « L'unité nationale entraîne l'unité politique. Il n'y a qu'un peuple. Il ne peut exister, au nom et à la tête du peuple, qu'un seul pouvoir. »

C'est l'idée révolutionnaire et despotique par excellence. C'est la Convention et Louis XIV disant pareillement : « L'État, c'est moi. »

Mensonge aussi bien que tyrannie. Un peuple n'est point une immense addition d'hommes, tant de milliers, tant de millions, comptés dans un certain espace de terre, et tous contenus et représentés dans un chiffre unique qu'on appelle tantôt un

Roi, tantôt une Assemblée. Un peuple est un grand corps organisé, formé par l'union, au sein d'une même patrie, de certains éléments sociaux qui se forment et s'organisent eux-mêmes naturellement, en vertu des lois primitives de Dieu et des actes libres de l'homme. La diversité de ces éléments est, on vient de le voir, un des faits essentiels qui résultent de ces lois. Elle repousse absolument cette unité fausse et tyrannique qu'on prétend établir au centre du gouvernement, pour représenter la société où elle n'est pas.

Quoi donc! faut-il que tous les éléments de la société, tous les groupes qui se forment naturellement dans son sein, les classes, les professions, les opinions diverses, soient reproduits et représentés, au sommet de l'État, par autant de pouvoirs qui leur correspondent?

Non certainement : la société n'est point une fédération de professions, de classes, d'opinions, qui traitent ensemble, par leurs mandataires distincts, les affaires qui leur sont communes. Pas plus qu'elle n'est une masse uniforme d'éléments identiques qui n'envoient leurs représentants au centre de l'État que parce qu'ils ne sauraient s'y rendre tous eux-mêmes, et pour se réduire à un nombre qui puisse se réunir dans un même lieu et délibérer en commun. L'unité sociale veut qu'il n'y ait qu'un gouvernement. La diversité des éléments sociaux veut que ce gouvernement ne soit pas un pouvoir unique.

Il s'opère naturellement, au sein de la société et entre les innombrables associations particulières qu'elle renferme, familles, professions, classes, opinions, un travail de rapprochement et de concentration qui, réunissant successivement toutes les petites associations dans des associations plus étendues, finit par réduire ce grand nombre d'éléments spéciaux et divers à un petit nombre d'éléments principaux et essentiels qui contiennent et représentent tous les autres.

Je ne dis point, et je ne pense point, que ces éléments principaux de la société doivent être tous distinctement représentés, dans le gouvernement de l'État, par des pouvoirs spéciaux. Je dis seulement que leur diversité repousse l'unité du pouvoir central.

Voici une réponse qu'on croit péremptoire : Les éléments divers de la société se retrouvent, dit-on, par le fait des élections libres, dans le sein de l'assemblée unique qui représente le peuple entier. Et là, par le fait de la discussion libre, ils se manifestent, soutiennent leurs idées, leurs intérêts, leurs droits, et exercent sur les résolutions de l'assemblée, et par conséquent dans le gouvernement de l'État, l'influence qui leur appartient.

Ainsi, envers les éléments sociaux les plus divers, les plus considérables, les plus essentiels, on croit s'être acquitté et avoir fait pour eux tout ce qui leur est dû, quand on leur a dit : « Faites-vous élire ; puis, dites votre avis et tâchez de le faire prévaloir. » L'élection et la discussion, c'est là toute la base qui doit soutenir l'édifice social ; cela suffit à la garantie de tous les intérêts, de tous les droits, de toutes les libertés.

Étrange ignorance de la nature humaine, de la société humaine et de la France !

Je poserai une seule question. Il y a, dans la société, des intérêts de stabilité et de conservation, des intérêts de mouvement et de progrès. Si vous vouliez donner, aux intérêts de mouvement et de progrès, une garantie efficace, iriez-vous demander cette garantie aux éléments sociaux en qui dominent les intérêts de stabilité et de conservation ?

Non sans doute. Vous remettriez aux intérêts de mouvement et de progrès le soin de se protéger eux-mêmes, et vous auriez raison. Tous les intérêts divers ont le même besoin et le même droit. Il n'y a, pour tous, de sûreté que dans leur propre pouvoir, c'est-à-dire dans un pouvoir de nature et de position analogue à la leur. Si le sort des intérêts de stabilité et de conservation est remis tout entier aux chances de l'élection d'une assemblée unique, et de la discussion dans une assemblée unique qui décide seule et définitivement des choses, tenez pour certain qu'à un jour donné, tôt ou tard, après je ne sais combien d'oscillations entre diverses tyrannies, ces intérêts seront sacrifiés et perdus.

Il est absurde de demander le principe de stabilité dans le gouvernement aux éléments mobiles de la société. Il faut que les éléments permanents comme les éléments mobiles de la société trouvent, dans le gouvernement, des pouvoirs qui leur soient analogues et soient leur garantie. La diversité des pouvoirs est également indispensable à la conservation et à la liberté.

Je ne saurais trop m'étonner que cette vérité soit contestée. Ceux qui la contestent ont fait eux-mêmes un grand pas dans la voie qui y conduit. Après avoir établi au sommet de l'État l'unité du pouvoir, ils ont admis, en descendant, la division des pouvoirs, à raison de la diversité des fonctions. Ils ont soigneusement séparé le pouvoir législatif, le pouvoir exécutif, le pouvoir administratif, le pouvoir judiciaire; rendant ainsi hommage à la nécessité de donner, par la distinction et la différente constitution de ces pouvoirs, des garanties aux intérêts différents qu'ils sont chargés de régir. Comment ne voient-ils pas que cette nécessité remonte plus haut, et que la diversité des intérêts généraux de la société et des devoirs du pouvoir suprême exige absolument la diversité des pouvoirs au sommet de l'Etat, aussi bien que la divison des pouvoirs dans les régions secondaires du gouvernement ?

Mais, pour que la diversité des pouvoirs soit réelle et efficace, il ne suffit pas qu'ils aient chacun, dans le gouvernement, une place et un nom distincts; il faut encore qu'ils soient tous fortement constitués, tous capables de remplir effectivement la place qu'ils occupent et de la bien garder.

On a coutume aujourd'hui de chercher l'harmonie des pouvoirs et la garantie contre leurs excès dans leur faiblesse. On a peur de tous les pouvoirs. On s'applique à les énerver tous tour à tour, craignant qu'ils ne se détruisent mutuellement ou qu'ils n'empiètent sur la liberté.

C'est une erreur énorme. Tout pouvoir faible est un pouvoir condamné à la mort ou à l'usurpation. Si des pouvoirs faibles sont en présence, ou bien l'un deviendra fort aux dépens des autres, et ce sera la tyrannie ; ou bien ils s'entraveront, ils s'annuleront les uns les autres, et ce sera l'anarchie.

Qu'est-ce qui a fait la force et la fortune de la monarchie constitutionnelle en Angleterre ?

C'est que la royauté et l'aristocratie anglaises étaient primitivement fortes, et que les communes anglaises sont devenues fortes en conquérant successivement, sur l'aristocratie et la royauté, les droits qu'elles possèdent aujourd'hui. Des trois pouvoirs constitutionnels, deux restent grands et posés sur de profondes racines ; le troisième a grandi et s'est profondément enraciné par degrés. Ils sont tous capables de se défendre les uns des autres et de suffire chacun à sa mission.

Quand la monarchie constitutionnelle a été sérieusement tentée en France, ses plus fermes partisans ont voulu : pour la royauté, une base ancienne et historique; pour la chambre des pairs, l'hérédité; pour la chambre des députés, l'élection directe. Nullement pour obéir à des théories ou à des exemples, mais pour que les grands pouvoirs publics fussent des pouvoirs vrais, des êtres efficaces et vivaces, non pas des mots ou des fantômes.

Aux États-Unis, malgré la différence des situations, des mœurs, des institutions, des noms, Washington, Hamilton, Jefferson, Madison, en fondant une République, ont reconnu et pratiqué les mêmes principes. Eux aussi ils ont voulu, au sommet de l'État, des pouvoirs divers. Et pour que la diversité fût réelle, ils ont donné aux pouvoirs divers, aux deux chambres et au président, des origines diverses, aussi diverses que le permettaient les institutions générales et que l'étaient les fonctions.

La diversité d'origine et de nature est l'une des

conditions essentielles de la force intrinsèque et réelle des pouvoirs, qui est elle-même l'indispensable condition de leur harmonie et de la paix sociale.

Et ce n'est pas seulement au sommet de l'État et dans le gouvernement central, c'est sur toute la face du pays, dans la conduite de ses affaires locales comme de ses affaires générales, que ces principes doivent présider à l'organisation du pouvoir. On parle beaucoup de la centralisation, de l'unité administrative. Elle a rendu d'immenses services à la France. Nous garderons beaucoup de ses formes, de ses règles, de ses maximes, de ses œuvres; mais le temps de sa souveraineté est passé. Elle ne suffit plus aujourd'hui aux besoins dominants, aux périls pressants de notre société. Ce n'est pas au centre seul, c'est partout qu'est aujourd'hui la lutte. Partout attaquées, il faut que la propriété, la famille, toutes les bases de la société soient partout fortement défendues. Et c'est trop peu pour les défendre que des fonctionnaires et des ordres venus du centre, même soutenus par des soldats. Il faut que partout les propriétaires, les chefs de famille, les gardiens naturels de la société soient mis en devoir et en mesure de soutenir sa cause en faisant ses affaires, qu'ils aient leur part, une part effective d'action et de responsabilité, dans le maniement de ses intérêts locaux comme de ses intérêts généraux, dans son administration comme dans son gouvernement. Partout le pouvoir central doit tenir le drapeau de l'ordre social; nulle part il ne peut à lui seul en porter tout le fardeau.

Je parle toujours dans l'hypothèse que c'est à une société libre que je m'adresse et d'un gouvernement libre qu'il s'agit; c'est sous les gouvernements libres que la paix sociale exige toutes ces conditions; évidemment elles ne s'appliquent point au régime du pouvoir absolu.

Mais le pouvoir absolu a lui-même ses conditions aussi bien que la liberté. Il s'en faut beaucoup qu'il soit possible partout où il serait accepté, et il ne suffit pas de le désirer pour l'obtenir.

Que les amis de la liberté ne l'oublient jamais : les peuples préfèrent le pouvoir absolu à l'anarchie. Car pour les sociétés comme pour les gouvernements, comme pour les individus, le premier besoin, l'instinct souverain, c'est de vivre. La société peut vivre sous le pouvoir absolu; l'anarchie, si elle dure, la tue.

C'est un honteux spectacle que la facilité, je pourrais dire l'empressement avec lequel les peuples jettent leurs libertés dans le gouffre de l'anarchie pour essayer de le combler. Je ne connais rien de plus triste à regarder que cet abandon soudain de tant de droits réclamés et exercés avec tant de bruit. Pour ne pas désespérer à cette vue de

l'homme et de l'avenir, il faut se recueillir et re-
tremper son âme à ces sources hautes où s'entre-
tiennent les convictions profondes et les longues
espérances.

Que la France, quel que soit son péril, ne compte
pas sur le pouvoir absolu pour la sauver ; il ne ré-
pondrait pas à sa confiance. Il trouvait, dans l'ancienne société française, des principes de tempérance et de durée, il avait, sous l'empereur
Napoléon, des principes de force qui lui manque-
raient aujourd'hui. La tyrannie populaire, la dicta-
ture militaire peuvent être des expédients d'un
jour, non des gouvernements. Les institutions libres
sont maintenant nécessaires à la paix sociale aussi
bien qu'à la dignité des personnes ; et le pouvoir,
quel qu'il soit, républicain ou monarchique, n'a rien
de mieux à faire que d'apprendre à s'en servir, car il n'a plus d'autre instrument ni d'autre
appui.

Si quelques esprits étaient tentés de chercher ailleurs le repos, qu'ils renoncent à cette tentation : quel que soit son avenir, la France n'échappera pas à la nécessité du gouvernement constitutionnel ; elle est condamnée, pour se sauver, à en surmonter toutes les difficultés, à en remplir toutes les conditions.

Il n'y a qu'un moyen de suffire à cette tâche, moyen unique et impérieux. Que tous les éléments de stabilité, toutes les forces conservatrices de l'ordre social en France s'unissent intimement et agissent constamment en commun. On ne supprimera pas plus la démocratie dans la société que la liberté dans le gouvernement. Ce mouvement immense qui pénètre et fermente partout au sein des nations, qui va provoquant sans cesse toutes les classes, tous les hommes à penser, à désirer, à prétendre, à agir, à se déployer en tous sens, ce mouvement ne sera point étouffé. C'est un fait qu'il faut accepter, soit qu'il plaise ou qu'il déplaise, qu'il enflamme ou qu'il épouvante. Ne pouvant le supprimer, il faut le contenir et le régler; car, s'il n'est contenu et réglé, il ruinera la civilisation et fera la honte comme le malheur de l'humanité. Pour contenir et régler la démocratie, il faut qu'elle soit beaucoup dans l'État et qu'elle n'y soit pas tout; qu'elle puisse toujours monter elle-même et jamais faire descendre ce qui n'est pas elle; qu'elle trouve partout des issues et rencontre partout des barrières. C'est un fleuve à la fois fécond et impur, dont les eaux ne sont bienfaisantes que si elles s'apaisent et s'épurent en se répandant. Un peuple qui a été grand dans un petit coin de terre, et républicain avec gloire en face de la gloire monarchique de Louis XIV, le peuple hollandais a conquis et maintient sa patrie contre l'Océan en ouvrant partout des canaux et en élevant partout des digues. Que les canaux ne soient jamais fermés, que les digues ne soient jamais entamées; c'est le travail incessant de tous les Hollandais, c'est le secret de leur succès et de leur durée. Que toutes les forces conservatrices de la société en France s'instruisent à cet exemple : qu'elles s'unissent étroitement, qu'elles veillent ensemble et sans relâche pour accueillir et contenir à la fois le flot montant de la démocratie. C'est de leur union permanente, de leur action commune et efficace que dépend le salut, le salut de tout et de tous. Si les éléments conservateurs de la société française savent s'unir et se constituer fortement, si l'esprit politique dompte en eux l'esprit de parti, la France et la démocratie elle-même, au sein de la France, seront sauvées. Si les éléments conservateurs demeurent désunis et désorganisés, la démocratie perdra la France, et se perdra elle-même en la perdant.

VII

CHAPITRE SEPTIÈME.

Les conditions politiques que je viens d'indiquer sont indispensables pour rétablir en France la paix sociale; mais elles n'y suffisent point.

C'est trop peu, pour une telle œuvre, que la bonne organisation des pouvoirs. Il y faut, de la part des peuples eux-mêmes, une certaine mesure de sagesse et de vertu. On se trompe grossièrement quand on croit à la puissance souveraine de la mécanique politique. La liberté humaine joue un grand rôle dans les affaires sociales, et c'est des hommes que dépend en définitive le succès des institutions.

On parle beaucoup du christianisme et de l'Évangile, on prononce souvent le nom de Jésus-Christ. A Dieu ne plaise que j'arrête longtemps ma pensée sur ces profanations, mélange hideux de cynisme et d'hypocrisie! J'élèverai une seule question. Si la société française était sérieusement, effectivement chrétienne, quel spectacle offrirait-elle aujourd'hui au milieu des cruels problèmes qui la tourmentent?

Les riches, les grands de la terre s'appliqueraient avec dévouement et persévérance à soulager les misères des autres hommes. Leurs relations avec les classes pauvres seraient incessamment actives, affectueuses, moralement et matériellement bienfaisantes ; les associations, les fondations, les œuvres de charité iraient luttant partout contre les souffrances et les périls de la condition humaine.

Les pauvres, de leur côté, les petits de la terre, seraient soumis aux volontés de Dieu et aux lois de la société ; ils chercheraient dans le travail régulier et assidu, la satisfaction de leurs besoins ; dans une conduite morale et prévoyante, l'amélioration de leur sort ; dans l'avenir promis ailleurs à l'homme, leur consolation et leur espoir.

Ce sont là les vertus chrétiennes, elles s'appellent la foi, la charité et l'espérance.

Est-ce à cela qu'on s'adresse ? Est-ce là ce qu'on s'efforce de ranimer dans le cœur des peuples ?

Je doute que, malgré son audace, le mensonge, qui essaie d'exploiter les mots chrétiens, puisse aller jusqu'à dire : Oui. Et s'il l'osait, je suis sûr que, malgré la crédulité publique, il rencontrerait un démenti universel.

Si c'est mensonge, qu'on y renonce; si c'est aveuglement, qu'on se désabuse : le christianisme ne se laissera point ainsi déformer et dégrader; il n'y a rien de plus anti-chrétien que les idées, le langage, l'influence des réformateurs actuels de l'ordre social. Si le communisme et le socialisme prévalaient, la foi chrétienne périrait. Si la foi chrétienne était plus puissante, le communisme et le socialisme ne seraient bientôt plus que d'obscures folies.

Je veux être pleinement juste; et en attaquant des idées qui sont la honte et le fléau de notre temps, je veux reconnaître ce qu'elles peuvent renfermer de moralement trompeur, et quels pré-textes, ou quels instincts honnêtes peuvent égarer ceux qui les soutiennent et ceux qui les accueil-lent.

Il y a un sentiment, en lui même noble et beau, qui a joué et qui joue encore aujourd'hui, dans nos sociétés et dans les perturbations auxquelles elles sont en proie, un rôle considérable. Ce senti-ment, c'est l'enthousiasme pour l'humanité, l'en-thousiasme de la confiance, de la sympathie et de l'espérance.

Ce sentiment était dominant, souverain chez nous en 1789 ; il a fait l'irrésistible élan de cette époque. Il n'y avait point de bien qu'on ne pensât de l'humanité, point de succès qu'on ne voulût et qu'on n'espérât pour elle ; la foi et l'espérance dans l'homme remplaçaient la foi et l'espérance en Dieu.

L'épreuve ne s'est pas fait attendre. L'idole n'y

a pas longtemps résisté. La confiance a été bientôt convaincue de présomption. La sympathie a abouti à la guerre sociale et à l'échafaud. Les espérances satisfaites ont paru peu de chose comparées à celles qui se sont évanouies comme des chimères. Jamais l'expérience n'est venue si rapide et si grande à la rencontre de l'orgueil.

C'est pourtant à ce même sentiment que s'adressent aujourd'hui les nouveaux réformateurs de l'ordre social ; c'est ce même enthousiasme idolâtre pour l'humanité qu'ils invoquent. En même temps qu'ils enlèvent à l'homme ses plus sublimes élans et ses plus hautes perspectives, ils exaltent sans limites sa nature et sa puissance : ils l'abaissent honteusement, car ils ne lui promettent rien que sur la terre ; mais là ils croient aveuglément en lui, ils espèrent tout de lui et pour lui.

Et ce qu'il y a de plus triste à leur dire, c'est

que cette idolâtrie insensée est leur seule excuse, la seule de leurs idées qui soit d'une origine un peu haute et garde quelque valeur morale. S'ils n'avaient pas une foi aveugle dans l'homme, s'ils n'étaient pas les serviles adorateurs de l'humanité, ils ne seraient que les propagateurs d'un matérialisme avide, brutal et effréné.

« Si l'homme se vante, dit Pascal, je l'abaisse ; » s'il s'abaisse, je le vante : » paroles admirables qu'il faut répéter et pratiquer sans cesse. Certainement l'homme mérite qu'on le respecte et qu'on l'aime, et qu'on espère beaucoup de lui, et qu'on aspire à beaucoup pour lui. A ceux qui méconnaîtraient la grandeur de sa nature et de sa destinée, à lui-même, s'il venait à l'oublier, je dirais avec Pascal : «Si l'homme s'abaisse, je le vante. » Mais à ceux qui encensent l'homme, qui se promettent de lui toutes choses et lui promettent toutes choses à lui-même, qui, poussés par l'orgueil, poussent l'homme dans l'orgueil, oubliant et lui faisant oublier les misères de sa nature, et les lois suprêmes auxquelles il est tenu, et les appuis dont il ne peut se passer, à ceux-là je dis aussi avec Pascal : « Si l'homme se vante, je l'abaisse. » Et les faits, les faits récents, éclatants, irrésistibles, le leur disent bien plus haut que moi.

On ne ramènera point la France à 1789. On ne la relancera point dans cet enthousiasme de confiance et d'espérance présomptueuse qui la possédait alors. Enthousiasme vrai et général à cette époque, spontané comme la jeunesse, excusable comme l'inexpérience, mais qui ne serait aujourd'hui qu'une excitation factice et fausse, un voile sans consistance jeté sur de mauvaises passions et sur des rêveries insensées qu'il ne couvrirait même pas. Par quelle incurable arrogance repousserions-nous les leçons que Dieu prodigue devant nous depuis soixante ans ? Il ne nous demande point de désespérer de nous-mêmes et de l'humanité, de renoncer à ses progrès, à son avenir, à une profonde et tendre sympathie pour elle, pour ses douleurs comme pour ses gloires. Il nous défend d'en faire une idole. Il nous commande de la voir telle qu'elle est, sans adulation comme sans froideur, et de l'aimer et de la servir selon les lois qu'il a lui-même établies. Je n'ai certes nulle envie d'éteindre ce que notre temps conserve de chaleur morale, ni de jeter encore du doute et de l'indifférence dans des cœurs déjà si tièdes et si incertains. Mais qu'on ne s'y trompe point : ce n'est pas en rebroussant chemin vers la révolution que la France marchera confiante et animée ; il n'y a là que des sources taries où notre société fatiguée n'ira point se désaltérer et se rafraîchir. Vous vous plaignez de sa langueur; vous voudriez voir renaître dans son sein cette foi, cette énergie morale qui font la grandeur des nations. Ne demandez point cela à l'esprit révolutionnaire; il est incapable de nous le rendre; il a du bruit, non du mouvement à nous offrir. Il peut encore consumer; il n'éclaire et n'échauffe point. Au lieu de ranimer les croyances, il répand le doute et la perplexité. Certainement la France a besoin d'être moralement relevée et raffermie; elle a besoin de reprendre foi et attachement à des principes fixes et généralement avoués. Mais l'esprit révolutionnaire ne peut rien pour une telle œuvre; ses apparitions, ses évocations, ses prédictions, ses souvenirs, son langage l'entravent et la retardent au lieu de l'accomplir. C'est à d'autres puissances morales, à d'autres esprits qu'est réservé cet honneur.

L'esprit de famille, l'empire des sentiments et des mœurs domestiques, y jouera un rôle principal. La famille est, maintenant plus que jamais, le premier élément et le dernier rempart de la société. Pendant que, dans la société générale, toutes choses deviennent de plus en plus mobiles, personnelles, viagères, c'est dans la famille que demeurent indestructibles le besoin de la durée et l'instinct des sacrifices du présent à l'avenir. C'est là que se retranchent et se maintiennent, comme dans un asile tutélaire, des idées et des vertus qui font contre-poids au mouvement excessif, désordonné, inévitablement suscité dans les grands foyers de civilisation des grands États. Nos grandes villes, le tourbillon de leurs affaires et de leurs plaisirs, les tentations et les perturbations qu'elles répandent incessamment, jetteraient bientôt la société tout entière dans un état de fermentation et de relâchement déplorable si la vie domestique partout répandue sur le territoire, son activité calme, ses intérêts permanents, ses liens immuables n'opposaient à ce péril de solides barrières. C'est au sein de la vie domestique et sous son influence que se maintient plus sûrement la moralité privée, base de la moralité publique. C'est là aussi, et aujourd'hui presque uniquement là, que se développent la partie affectueuse de notre nature, l'amitié, la reconnaissance, le dévouement, les liens qui unissent les cœurs dans le rapprochement des destinées. Des temps ont été, des sociétés ont existé où ces sentiments individuels prenaient aussi leur place dans la vie publique, où les affections dévouées se combinaient avec les relations politiques. Ces temps ne sont plus et ne peuvent guère revenir. Dans nos sociétés si vastes, si compliquées, au milieu du mouvement qui les emporte, les intérêts généraux, les idées générales, les sentiments des masses et les combinaisons des partis président seuls à la vie publique. Les affections personnelles sont des liens trop délicats pour influer puissamment dans les luttes de ces moteurs impitoyables. Cependant ce n'est jamais sans un grave dommage qu'on étouffe, dans tel ou tel des champs où se déploie l'activité humaine, l'un des éléments vitaux de la nature humaine : c'est une grande beauté et une grande force de moins, dans les relations de la vie politique, que cette absence presque complète des sentiments tendres et dévoués, cette domination presque exclusive des idées abstraites et des intérêts généraux ou personnels. Il importe infiniment à la société que ces dispositions, je dirai volontiers ces passions affectueuses du cœur de l'homme aient leur sphère assurée où elles se déploient librement, et que de là elles viennent quelquefois, par quelques beaux exemples, faire acte de présence et de puissance dans cette sphère politique où elles paraissent si rarement. C'est au sein de la vie domestique et par les affections de famille que ce but social est atteint. En même temps qu'elle est un principe de stabilité et de moralité, la famille est aussi un foyer d'affection et de dévouement où ces nobles parties de notre nature trouvent des satisfactions qu'elles n'obtiendraient point ailleurs, et d'où elles peuvent, à certains jours, dans certaines circonstances, se répandre au dehors, à l'honneur comme au profit de la société.

Après l'esprit de famille, c'est de l'esprit politique qu'aujourd'hui la France a le plus de services à attendre et doit cultiver avec plus de soin les progrès. L'esprit politique consiste essentiellement à vouloir et à savoir prendre sa part et jouer son rôle régulièrement, sans emploi de la violence, dans les affaires de la société. Plus l'esprit politique se développe, plus il inculque aux hommes le besoin et l'habitude de voir les choses comme elles sont, dans leur exacte vérité. Voir ce qu'on désire et non ce qui est, se faire complaisamment illusion à l'égard des faits, comme si les faits devaient avoir la même complaisance et se transformer au gré de notre désir, c'est la faiblesse radicale des hommes et des peuples encore nouveaux dans la vie politique, et la source des plus funestes erreurs. Voir ce qui est, c'est le premier et excellent caractère de l'esprit politique. Il en résulte cet autre caractère, non moins excellent, qu'en apprenant à ne voir que ce qui est, on apprend aussi à ne vouloir que ce qui se peut. L'exacte appréciation des faits amène la mesure dans les intentions et dans les prétentions. Véridique avec lui-même, l'esprit politique devient prudent et modéré. Rien ne dispose plus à la modération que la pleine connaissance de la vérité des choses, car il est rare qu'elle mette dans un seul bassin tout son poids. L'esprit politique s'élève ainsi naturellement, par sagesse quand ce n'est pas par moralité, à ce qui est sa loi fondamentale et son mérite essentiel, au respect du droit, base unique de la stabilité sociale; car hors du droit il n'y a que la force, qui est essentiellement variable et précaire. Et le respect du droit suppose ou enfante le respect de la loi, source habituelle du droit. Et le respect de la loi affermit le respect des pouvoirs qui font ou qui appliquent la loi. Ce qui est réel, ce qui est possible, le droit, la loi, les pouvoirs légaux, voilà quelles sont les constantes préoccupations de l'esprit politique, ce qu'il contracte l'habitude de chercher et de respecter toujours. Il maintient ou rétablit ainsi un principe moral de fixité dans les rapports des hommes, et un principe moral d'autorité dans le gouvernement des États.

Plus l'esprit de famille et l'esprit politique grandiront aux dépens de l'égoïsme viager et de l'esprit révolutionnaire, plus la société française se sentira pacifiée et raffermie sur ses fondements.

Pourtant, ni l'esprit de famille, ni l'esprit politique ne suffiraient à la tâche. Il leur faut le secours d'un autre esprit plus haut et qui pénètre encore plus avant dans les âmes : le secours de l'esprit religieux. C'est le propre de la religion, et de la religion seule, qu'elle a de quoi parler à tous les hommes et se faire entendre de tous, des grands comme des petits, des heureux comme des malheureux, et qu'elle monte ou descend sans effort dans tous les rangs, dans toutes les régions de la société. Et c'est l'un des traits admirables de l'organisation chrétienne que ses ministres sont répandus et présents dans la société tout entière, vivant à côté des chaumières comme des palais, en contact habituel et intime avec les conditions les plus humbles et avec les plus élevées, conseillers et consolateurs de toutes les misères et de toutes les grandeurs. Puissance tutélaire, qui, malgré les abus et les fautes où sa force même et son étendue l'ont entraînée, a, depuis tant de siècles, veillé et agi plus qu'aucune autre pour la dignité morale et les plus chers intérêts de l'humanité. Moins que personne, je voudrais, pour la cause de la religion elle-même, voir renaître les abus qui l'ont altérée ou compromise; mais j'avoue que je ne le crains guère aujourd'hui. Les principes du gouvernement laïque et de la liberté de la pensée humaine ont définitivement triomphé dans la société moderne. Ils ont encore, ils auront toujours des ennemis à repousser, des luttes à soutenir; mais leur victoire est assurée. Ils ont en leur faveur les institutions, les mœurs, les passions dominantes, et ce cours général et souverain des idées et des faits qui, à travers toutes les diversités, tous les obstacles, tous les périls, marche et se précipite partout dans le même sens, à Rome, à Madrid, à Turin, à Berlin, à Vienne, comme à Londres et à Paris. Que les sociétés modernes ne craignent pas la religion et ne lui disputent pas aigrement son influence naturelle ; ce serait une terreur puérile et une funeste erreur. Vous êtes en présence d'une multitude immense, ardente. Vous vous plaignez que les moyens vous manquent pour agir sur elle, pour l'éclairer, la diriger, la contenir, la calmer, que vous n'entrez guère en rapport avec elle que par les percepteurs et les gendarmes, qu'elle est livrée sans défense aux mensonges et aux excitations des charlatans et des démagogues, à l'aveuglement et à l'emportement de ses propres passions. Vous avez partout, au milieu de cette multitude, des hommes qui ont précisément pour mission, pour occupation constante, de la diriger dans ses croyances, de la consoler dans ses misères, de lui inculquer le devoir, de lui ouvrir l'espérance; qui exercent sur elle cette action morale que vous ne trouvez plus ailleurs. Et vous n'accepteriez pas de bonne grâce l'influence de ces hommes! vous ne vous empresseriez pas de les seconder dans leur œuvre, eux qui peuvent vous seconder si puissamment dans la vôtre, précisément là où vous pénétrez si peu, et où vos ennemis, les ennemis de l'ordre social, entrent et sapent incessamment!

J'en conviens : une condition est attachée au bon vouloir et à l'efficacité politique de l'esprit religieux; il veut du respect, du respect vrai, et de la liberté. Je reconnaîtrai même que, dans ses craintes et dans ses désirs, il est quelquefois ombrageux, susceptible, exigeant; qu'il tombe même quelquefois dans le courant des idées fausses, qu'il a mission de combattre. Je ferai, aussi largement qu'on le voudra, la part des injustices à subir, des précautions à prendre, et je dirai après comme auparavant : Ne disputez pas aigrement avec la religion ; ne redoutez pas les influences religieuses, les libertés religieuses ; laissez-les s'exercer et se déployer grandement, puissamment ; elles vous apporteront en définitive plus de paix que de lutte, plus de secours que d'embarras.

Un jour, quand nous serons près de la nécessité d'agir, lumière indispensable à qui veut faire plus que poser les principes d'action, il y aura à rechercher par quels moyens pratiques l'esprit de famille, l'esprit politique et l'esprit religieux peuvent être convenablement affermis et développés dans notre pays. Aujourd'hui, je n'ajoute qu'un mot. On ne traite pas avec les grandes puissances morales comme avec des auxiliaires soldés et suspects ; elles existent par elles-mêmes, avec leurs mérites et leurs défauts naturels, avec leurs bienfaits et leurs dangers. Il faut les accepter telles qu'elles sont, sans s'y asservir, mais sans prétendre se les asservir, sans leur livrer toutes choses, mais sans leur marchander incessamment leur part. L'esprit religieux, l'esprit de famille, l'esprit politique sont, plus que jamais, dans notre société, des esprits nécessaires et tutélaires. Ni la paix sociale, ni la stabilité, ni la liberté ne peuvent se passer de leur concours. Recherchez ce concours avec sincérité ; recevez-le de bonne grâce, et résignez-vous à en payer le prix. Pas plus que les individus, les sociétés ne sont affranchies d'effort et de sacrifice pour les biens dont il leur est donné de jouir.

VIII

CHAPITRE HUITIÈME.

CONCLUSION.

Que la France ne se fasse point d'illusion : toutes les expériences qu'elle tentera, toutes les révolutions qu'elle fera, ou qu'elle laissera faire, ne la soustrairont point à ces conditions nécessaires, inévitables, de la paix sociale et du bon gouvernement. Elle peut les méconnaître et souffrir, souffrir sans mesure et sans terme, en les méconnaissant ; elle ne peut les abolir.

Nous avons essayé de toutes choses, de la république, de l'empire, de la monarchie constitutionnelle. Nous recommençons nos essais. A quoi nous en prendre de leur mauvais sort ? De nos jours, sous nos yeux, dans trois des plus grands États du monde, ces trois mêmes gouvernements, la monarchie constitutionnelle en Angleterre, l'empire en Russie, la république dans l'Amérique du Nord, durent et prospèrent. Aurions-nous le privilége de toutes les impossibilités ?

Oui, tant que nous resterons dans le chaos où nous sommes plongés, au nom et par le culte idolâtre de la démocratie ; tant que nous ne verrons dans la société que la démocratie, comme si elle y était seule ; tant que nous ne chercherons, dans le gouvernement, que la domination de la démocratie, comme si elle avait seule le droit et le pouvoir de gouverner.

A ce prix, la république comme la monarchie constitutionnelle, l'empire comme la république, tout gouvernement régulier et durable est impossible.

Et la liberté, la liberté légale et forte, est aussi impossible que le gouvernement durable et régulier.

Le monde a vu des sociétés, de grandes sociétés, réduites à cette condition déplorable ; incapables de supporter toute liberté légale et forte, tout gouvernement régulier et durable ; condamnées à d'interminables et stériles oscillations politiques ; tantôt telle ou telle forme d'anarchie, tantôt telle ou telle forme de despotisme. Je ne conçois pas, pour les cœurs un peu fiers, une plus douloureuse destinée que d'appartenir à de tels temps. Il ne reste plus alors qu'à s'enfermer dans les soins de la vie domestique et dans les perspectives de la vie religieuse. Les joies et les sacrifices, les travaux et les gloires de la vie publique n'existent plus.

Tel n'est point, grâce à Dieu, l'état de la France : tel ne sera point le dernier mot de notre longue et glorieuse civilisation, de tant d'efforts, de tant de conquêtes, de tant d'espérances, de tant de souffrances. La société française est pleine de force et de vie. Elle n'a pas fait de si grandes choses pour descendre, au nom de l'égalité, jusqu'au plus bas niveau. Elle possède en elle-même les éléments d'une bonne organisation politique. Elle a des classes nombreuses de citoyens éclairés, considérables, déjà placés ou prompts à s'élever à la hauteur des affaires de leur pays. Son sol est couvert d'une population intelligente et laborieuse qui déteste l'anarchie et ne demande qu'à vivre et à travailler en paix. Les vertus abondent dans les familles et les bons sentiments dans les cœurs. Nous avons de quoi lutter contre le mal qui nous dévore. Mais le mal est immense. Il n'y a point de termes pour le qualifier, point de mesure pour le mesurer. Les souffrances et les hontes qu'il nous inflige sont peu de chose auprès de celles qu'il nous prépare, s'il se prolonge. Et qui dira qu'il ne saurait se prolonger quand toutes les passions des pervers, toutes les folies des insensés, toutes les faiblesses des honnêtes gens concourent à le fomenter? Que toutes les forces saines de la France s'unissent donc pour le combattre. Ce n'est pas trop, et il ne faut pas que ce soit trop tard. Unies dans l'œuvre, elles plieront plus d'une fois sous le fardeau, et la France aura encore besoin que Dieu la protége pour se sauver.

TABLE DES MATIÈRES.